정진희의 화예명상집

꽃	을	🪷	보	다
마	음	을	씻	다

Behold the Flower, Cleanse the mind

저자   정 진 희

정진희 꽃꽂이 연구회

인사말

정 진 희

평소 나의 신념은 생각도 한 알의 영양제가 될 수 있다고 생각합니다.
무엇을 생각하며 사는가?
밝은 생각은 나를 밝게 하는 유익한 영양제며
어두운 생각은 나를 어둡게 하는 유해한 영양제가 됩니다.

꽃도 때로는 사람의 생각에 못지않은 영양제가 될 수 있습니다.
꽃을 보고 있노라면 헛된 생각에서 벗어나게 되는 것은
꽃의 진실을 보기 때문입니다.

명상 속에서 꽃을 만나니 꽃이 나에게 이런 메시지를 주었습니다.
- 확실한 자기 모습을 가지고 있구나.
- 남을 닮으려 하지 않는구나.
- 온갖 향기를 다 주고도 생색을 내지 않는구나.
- 높은 꽃은 높게 낮은 꽃은 낮게 피면서 자리다툼을 하지 않는구나.
- 때가 되면 질 줄을 아는구나.

이런 생각을 하면서 꽃을 만지고 온 세월이 어언 50년입니다.

그 많은 세월을 꽃과 함께하면서 꽃이 내가 되고 내가 꽃이 되는
순간들을 경험하고, 꽃을 만지는 순간은
선(禪)의 경지에 들 수 있었습니다.
그리하여 언제부터인가 꽃은 내 삶에 스승이 되었습니다.

이런 꽃에 대한 나의 상념들을 그때그때 생각나는 대로
5년 동안 월간지 「SAYFLORY」에 '화예명상 마음치유' 라는
제목으로 연재를 해 오고 있었습니다.
이 자리에서 지면을 할애해 주신 박 문규 사장님께 감사드립니다.

오늘 이렇게 긴 세월 연재된 꽃에 대한 나의 생각들을 모아
종심소욕불유거(從心所慾不踰矩)의 나이에
20년 동국대 강의를 끝내면서 하나의 족적(足跡)으로 남기려
이 책을 엮게 되어 행복하고 감사합니다.
이 책은 사랑하는 나의 문하생 모든 분들께 드립니다.

축사

혜원스님
동국대학교 불교학과 명예교수
소림선원 원장

정진희 선생님을 처음 만난 것은 동국대 정각원 법당이었습니다.
정각원 원장소임을 맡은 어느 해 부처님 오신 날
꽃 장식을 해 주셨는데 그 어느 때 보다 감동적이었습니다.

행사 때 법당에 올리는 꽃꽂이는 크고 화려한 것에 비해
선생님 작품은 크지도 화려하지도 않았으며, 조용하고 단아한 것이
불교의 선(禪)적 의미가 함축된 듯하여 기분 좋게 감상했습니다.

그 후 다시 인연이 되어 우리 절 소림선원에서도 꽃꽂이반을 신설하여
신도님들은 부처님께 꽃 공양도 하고 꽃을 통해 마음공부도 하는
선생님의 각별한 지도를 받고 있습니다.
선생님은 꽃을 꽂는 테크닉만 가르치는 것이 아니고
꽃을 대하는 마음, 꽃이 주는 메시지에 귀를 기우려 보라고 하시면서
꽃을 꽂는 것은 마음공부를 하는 것이라며
꽃을 통한 인성교육에도 초점을 맞추고 계십니다.

이제 선생님도 가는 세월에는 매듭을 지우지 않을 수가 없는
뜻대로 행해도 어긋나지 않는다는 고희(古稀)의 언덕에서
동국대학교 강의도 마무리를 하시면서
이 책 "꽃을 보다, 마음을 씻다"를 펴시는 것에
진심으로 축하 인사를 드립니다.

이 책은 꽃꽂이 작품집이라기보다는 50여년 화예 활동을 해오면서
느끼고 경험한 것을 명상과 접목하여
꽃과 마음치유를 명상집(暝想集)으로 엮으셨다고 봅니다.
우리 삶에 맑은 샘물이 되는 이 책은 꽃을 하는 사람은 물론
꽃을 하지 않는 일반인에게도 많은 귀감이 될 것이라고 봅니다.
간행하심을 깊이 감축 드립니다.

축사

김병일
도산서원 원장
선비문화수련원 이사장
前 기획예산처 장관

저자 정진희 선생은 본인의 다섯 살 아래 고종사촌 누이 동생입니다.
어린 시절부터 가까이 지내온 동생이 벌써 나이 칠십이 되어
그간의 삶을 매듭짓는 차원에서 이 책을 편다고 축사를 부탁해 왔습니다.

꽃꽂이 분야에는 문외한인 나에게 축사를 쓰는데 도움이 되라고
몇 쪽 분량의 책 내용을 먼저 보내왔는데, 훑어보는 사이에
정신이 차츰 맑아지는 것을 느꼈습니다. 동생은 50년 세월,
꽃을 꽂고 가르치는 데 남다른 철학이 있었구나 싶었습니다.
꽃의 성품과 사람의 인성을 비교 관찰하는 경지에서
꽃이 사람이 되고, 사람이 꽃이 되는 것을 느끼면서
꽃과 소통하는 작가의 마음은 이미 꽃과 둘이 아닌 것이 느껴졌습니다.
꽃꽂이는 그저 꽃을 예쁘게 꽂는 기교만 터득하면 되는 것이라고 생각한
노둔한 본인의 생각을 바꿀 수 있게 해준 동생에게 감사한 마음입니다.

필자가 십년 넘게 머물고 있는 도산서원은
유학자 퇴계 이황 선생의 정신을 배우고 알리는 곳입니다.
아시다시피 유학은 '너와 나는 하나' 라는 물아일체(物我一體)의 정신을
바탕으로, 만인은 나의 형제요, 만물은 나의 이웃입니다.
그런데 동생은 꽃꽂이를 통해 물아일체를 이미 실천하고 있었습니다.
꽃을 상대하면서 정겨운 마음을 드러내고 예술로 잘 묘사할 뿐 아니라
자신의 마음도 꽃처럼 아름답게 가꾸어 가고 있었습니다.

풍광이 안온한 삼백의 고장 상주의 농촌마을에서 4남매의 막내로 태어나
양친으로부터 인성교육을 제대로 받고 자랐습니다.
지금도 뵙고 싶은 내유외강 선비풍 고모부님과 자상하고 인자한 고모님
두 분의 막내딸 훈육이 동생의 삶에 온전히 배어 있습니다.
그래서 축하하는 마음이 더 더욱 치솟아 납니다.

아름답고 바르게 살고자 하는 많은 분들이 이 책을 읽고
꽃과 같은 향기 있는 삶이 되는데 거름이 되기를 바라면서
출판의 기쁨을 도산서원에서 오래비가 함께 하고자 합니다.

- 목 차 -

인(仁)

의(義)

예(禮)

지(智)

신(信)

예로부터 인의예지신 다섯 가지 덕목을 숭상해온 우리 백성은 서울에 4대문을 세우고
그 문의 이름을 동쪽은 흥인문(興仁門),
　　　　　　　서쪽은 돈의문(敦義門),
　　　　　　　남쪽은 숭례문(崇禮門),
　　　　　　　북문은 홍지문(弘智門),
　　　　　　　종로에 보신각(普信閣) 이라 하였다.

| 인 | 仁 |

참을 수 없는 것을 참는 너그러움,
어질고 인자하여 남의 장점을 먼저 보는 것이다.

일상에서 잠깐씩이라도 눈을 감고 생각해 보자. 나도 알고 남도 알아야 한다. 내 안의 '나'도 잘 알아야 하지만 내 바깥의 다른 사람도 알아야 한다. 세상을 보는 공부, 시대를 읽는 공부, 이것이 인문학이다. 나 자신도 사랑하고 남도 사랑하는 그런 삶으로 바꾸어 보자. 사랑이란 용광로 같은 것이다. 모든 것을 녹여 버린다. 그리고 새 모습으로 탄생시킨다.

〈작품이야기〉
흰색 아제리아가 목화송이 같다. 주홍빛 장미와 흰색 아제리아의 대조가 밝다고 할까? 맑다고 할까? 밝은 삶! 맑은 삶! 무엇도 감춰진 것이 없는 그곳엔 순결만이 존재한다. 뽀얗고 해맑은 아이의 웃음도 느껴진다.

용서는 인간이 지닌 덕목 중 최고로 고귀한 것이다. 할 수만 있다면 하는 것이 백 가지를 얻게 된다. 그러나 말로는 하기 쉽지만 진정한 마음으로 용서하기는 쉽지 않다.
가족 사이, 친구 사이, 이웃 사이에 끼어있는 용서를 옮겨와 크레파스로 사용하자. 모든 관계가 무지갯빛으로 변할 것이다. 용서라는 단어가 누구에게나 생에 화두가 될 수 있다.

〈작품이야기〉
작은 다래 선(線)과 높은 다래 선(線) 사이의 여백은 우리 마음속의 여유다. 조용하고 한가한 마음으로 이 작품을 감상하면 반드시 이 작품은 당신에게 말을 건네 올 것이다.
정(靜)이 무엇이고 동(動)이 무엇인지를... 靜 中 動!!! 조용한 가운데 움직임이 있다는 말이다.

모든 사람은 한 송이 꽃과 같은 존재다. 누구나 아름다운 향기를 지니고 있다.
하지만 저절로 꽃이 되는 것은 아니다. 비바람에 흔들렸어야 하고, 긴 시간을 견디었어야 하며,
햇빛과 공기 그리고 물에게 한없이 주는 법을 배운 다음, 비로소 한 송이 향기로운 꽃으로
탄생된다. 사람도 그와 같다.

〈작품이야기〉
유리화기에 하얀 조각돌을 넣고 맑은 물을 부어주었다. 물은 사람들의 심성을 매우 부드럽게
해 주는 소재다. 곧게 서있는 잎새란도 매력 있지만 조팝나무와 글로리오사의 조용한 이미지가
한 층 맑은 물속에서 의(義) 좋은 친구로 느껴진다. 우정은 義에서만이 명품이 된다.

정원의 풀을 뽑듯 마음의 잡념을 뽑아낸다. 잘 손질된 정원에서는 꽃들이 아름답게 선명하게 보이지만 잡초가 많은 정원에서는 꽃의 존재가 희석된다.
사람의 마음속에 잡념이 많으면 마음이 맑을 수가 없다. 잡다한 생각들을 정원의 잡초로 생각하고 뽑아내는 작업을 하자. 그것이 명상이다.

〈작품이야기〉
보라색과 핑크색의 조화가 아련함으로 다가온다. 그리움 같은 것... 그리움은 에너지다. 마음속에 그리움 하나 없으면 그것은 향기 없는 꽃이다. 현실은 기막힌 속도로 변해감으로 그리움이 사라지고 있다. 그리운 사람! 삶이 힘들어도 지극한 그리움이 있다면 참고 견딜 수 있다.

부모 된 사람들의 가장 큰 어리석음은 자식을 자랑거리로 만들고자 함이다. 부모 된 사람들의 가장 큰 지혜로움은 부모들의 삶이 자식들의 자랑거리가 되게 하는 것이다.
부모의 삶은 자식들의 거울이다. "잘 하라." 라는 말보다는 부모가 먼저 잘하면 된다. 명상을 하는 부모는 지혜로운 자식을 얻게 된다. 명상 속에서의 만남! 이것이 진실로 행복한 삶의 주인공들이다.

〈작품이야기〉
훤칠한 글라디올러스의 무리 아래 누워있는 소나무의 면이 편안하다. 그 사이에 아무것도 없는 여백이 솔직 담백함으로 느껴진다. 사람과 사람 사이에도 잡다한 것들이 끼어 있으면 관계가 맑지를 않다. 순백의 백합 덩어리가 향기 외에는 아무것도 없다는 신호를 보내는 것 같다.

꽃과 함께 하는 시간은 꽃을 닮는 시간이다.
꽃의 품성을 닮고, 꽃의 모습을 닮고, 꽃이 주는 교훈에 귀 기울여야 한다. 그리하여 꽃과 함께(together), 꽃과 같이(same), 꽃처럼(like)...
화예인들은 이렇게 꽃을 스승으로 삼아야 한다. 그래야 비로소 얼굴이 화안(花顔)이 된다.

〈작품이야기〉
옥잠화(玉簪花)! 옥비녀를 닮은 꽃이라고 하여 옥잠화라는 이름을 얻은 꽃!
여름이면 한 번은 우리 곁에 찾아온다. 잎은 시원하고 꽃은 매우 향기롭다. 값비싼 꽃은 아니지만 길손들에게 손을 흔들어 주는 꽃이다.
분리형으로 한 쪽에는 잎으로 시원함을 한쪽은 꽃과 잎으로 향기로움을 표현해 보았다.

한 해가 저물어 갈 때 작년보다 올해가 더 나아지지 않았다면 마음을 비우고 여유 있는 마음으로 자신을 돌보지 않았기 때문이다.
여유! 작품 속의 여백은 내 마음속의 여유다. 조금 편안해지고 조금 여유가 있기를 바란다면 우선 마음의 번뇌부터 사라지게 하라. 마음의 번뇌는 나의 생각이다.
생각을 정리하는 것이 명상이고 삶의 때를 벗기는 작업도 명상에서 가능하다.

〈작품이야기〉
조팝나무의 아래로 처진 율동미! 한 덩어리 가득 꽂아놓은 보라색 델피늄! 연꽃 화기!
맞는 듯도 맞지 않는 듯도 하지만 이 작품의 개성이라고 생각하자!

눈을 감고 생각해 본다. 나는 누구에게 필요한 사람이었던가? 아니면 누군가 나를 필요로 하는가? 나는 누군가의 진실한 벗이 되고 있는가? 나는 누군가의 사람들에게 향기를 전하고 있는가? 나는 누군가에게 닮고 싶은 사람이 되고 있는가?
지금부터 시작해 보자. 누군가에게 사무치도록 그리운 사람이 되어 보는 것이다.

〈작품이야기〉
바가지에 설유화를 꽂아 보았다. 리시안셔스와 흰 백합 몇 송이!
작가는 꽃을 많이 사용하는 것을 좋아하지 않는다. 매력 있는 가난이 좋다. 풍성함은 포만감에 숨이 찰 뿐이다.

손에 잡고 있는 것이 많으면 손이 부자유스럽고, 이고 있는 것이 많으면 목이 부자유스럽고, 지고 있는 것이 많으면 어깨가 부자유스럽다 한다. 생각하는 것이 많으면 머리가 아프다는 말도 이와 같다. 불필요한 생각을 지우는 것에는 명상만 한 것이 없다. 명상은 맑은 샘물에 떠있는 먼지나 나뭇잎을 걸러내는 것과 같아 마음속의 불필요한 생각들을 지워 영혼이 자유로워지는 것이다. 들이쉬는 호흡에 지우기, 내쉬는 호흡에서 버리기이다.

〈작품이야기〉
중국여행 중에 벼룩시장 같은 곳에서 화기라고 말하기에는 부족한 작은 브론즈 용기 2개를 구입했다. 항상 꽃을 한 번 꽂아 봐야지 생각한 것이 오늘 이렇게 두 줄기 말채와 안스리움 5송이, 비브리움을 꽂아 zen style(禪花)로 구상했다. 꽃꽂이 작가의 눈에는 물만 담을 수 있다면 꽃 그릇으로 응용해 보고 싶은 심정은 나만이 아닐 것이다.

사람에게는 누구나 마음속 상처가 있다. 내 상처를 보듬어 줄 사람이 주변에 있는가? 아니면 내 주변에서 그 상처 때문에 울고 있는 사람은 없는지 찾아보았는가?
내가 아플 때 누군가의 따뜻한 마음이 필요하듯 지금 마음이 아픈 사람은 나의 따뜻한 마음을 기다릴 것이다. 나에게 있는 따뜻한 마음을 나누어 보자. 추운 겨울에 따뜻한 마음 나누기.

〈작품이야기〉
보름달 같은 아마릴리스의 얼굴을 보는 순간, 밝은 마음을 준다. 해나 달처럼…
밑에 놓인 그린색 팔손이와 아마릴리스를 이어주는 다래덩굴이 중매쟁이(match make) 같다.

無求無苦(무구무고) , 有求有苦(유구유고) '구하는 것이 없으면 고통이 없고, 구하는 것이 있으면 고통이 있다.' 라는 말이다.
부처님 말씀에 '구하지 말라, 기대지 말라, 의존하지 말라, 게으르지 말라.' 라는 말이 있다.
기도는 '무엇 무엇을 해 주세요.' 가 아니고 '무엇 무엇이 이루어지기 위해 최선의 노력을 하겠습니다.' 라고 한다.

〈작품이야기〉
느티나무에서 지금 막 돋아나는 어린잎을 보면서 사랑스러움이 느껴진다. 겨울 동안 깜깜하던 나뭇가지에서 봄이 되면 어김없이 새 생명이 나오는 것을 보면 생명의 신비를 느끼지 않을 수가 없다. 살아있다는 사실만으로도 감사하다. 장미와 안스리움의 색감에서도 생명력이 느껴진다.

사람은 말을 해야 할 때와 들을 때를 구별할 줄 안다면 대인관계에서 기본은 된다고 생각한다. 어떤 사람에게 이런 의문을 가질 때가 있다. '이럴 때 왜 저런 말을 하지?', '왜 이때 한마디 안 하지?' 주변 사람들로부터 이런 말만 듣지 않아도 기본은 된다. 그러나 이런 말을 듣지 않는 것이 쉬운 것 같지만 그리 쉬운 것도 아니다.

말할 때 말하고 안 해도 될 때는 안 하는 것, 매우 중요한 나의 갈무리이다.

⟨작품이야기⟩
청자 화기에 유채꽃이다. 그리고 금어초와 냉이풀. 마치 봄 들녘의 miniature를 보는 것 같다. 소박하고 정다운 꽃들... 비싼 꽃만이 감동을 주는 것은 아니다. 우리 생활에서 익숙한 것들! 그런 꽃들로부터 우리는 위안 받기가 더 쉽다. 더 정겹다. 더 친숙하다.

우리는 꽃을 이렇게 본다. 아주 싱그럽고 탐스럽게 피어 있을 때는 예쁘다, 아름답다, 향기롭다 하면서 다정한 몸짓으로 다가가지만 꽃이 시들어 버릴 때는 지저분하다, 추하다 하며 눈을 돌린다. 아름답던 꽃과 시들어 추한 꽃은 둘이 아니다. 때가 되어 아름답고, 때가 되어 시들어 추하게 되는 것이다. 사람도 이와 같다. 오늘은 시든 꽃에게 사랑을 주는 하루를 가져보자. 시든 꽃잎은 떼어내고 줄기 밑 부분은 물속에서 잘라 깨끗하고 맑은 물에 다시 꽂아보라. 내일 아침이면 싱싱해진 모습을 보여 줄 것이다. 이것이 치유다.

〈작품이야기〉
토기 화기에 덴드론 2줄기 세우고 고목으로 횡선을 강조해 보았다. 프론티어 2송이와 소귀잎 약간으로 아래 공간을 채웠다. 디자인은 'simple is best' 라는 말이 생각난다. 잡다한 것보다는 간결함이 좋다. 말이 많은 것보다는 침묵이 호감이듯이...

맑은 물을 보면 마음이 맑아진다. 좋은 음악을 들으면 마음이 차분해 진다. 흙탕둘을 보면 마음이 흐려지고 시끄러운 음악을 들으면 마음이 어지럽다. 맑은 사람을 만나면 나도 따라 맑아지고 탁한 사람을 만나면 나도 따라 탁해진다. 마음이 맑은 친구를 옆에 둘 것인가, 내가 마음이 맑은 친구가 될 것인가. 명상에서 답을 얻을 수 있을 것이다.

〈작품이야기〉
서양화기에 동양꽃꽂이! 동·서의 만남이다. 꽃꽂이는 공간예술이다. 그림은 평면의 도화지에 명도, 채도, 색도를 이용하여 입체적으로 그려내지만, 꽃꽂이는 이미 정해진 색들로 공간에 입체적으로 그림을 그리는 것이다. 그림은 색깔을 만들 수 있지만, 꽃꽂이는 색을 만들 수 없으므로 소재 배합이 중요하다. 카네이션 그룹, 라넌큘러스 그룹들. 조합이란 이런 것이다. 다르면서 하나고 하나면서 다른...

이 세상에서 가장 중요한 시간은 언제인가? 이 세상에서 가장 중요한 사람은 누구인가? 이 세상에서 가장 중요한 일은 무엇인가? 가장 중요한 시간은 지금 이 순간이고, 가장 중요한 사람은 바로 지금 앞에 있는 사람이며, 가장 중요한 일은 지금 바로 선행(善行)을 하는 것이다. 너무나 쉽고 간단한 것이지만 우리는 실천을 못하고 있다. 실천을 위해 오늘도 눈 한번 감고 두 손을 모아 보자.

〈작품이야기〉
꽃시장에서 미니 온시디움을 만나는 순간, '첫 만남'을 생각했다. 화기, 형태, 구도 생각하지 않고 무조건 꽂아보고 싶었다. 온시디움(댄싱걸)의 몸매가 낭창거려 하수형에 알맞는 소재임을 느껴 높은 화기에 화대 까지 받쳐 위에서 아래로 정리해 보았다. 나는 온시디움이라는 이름보다 'Dansing Girl' 이라는 닉네임을 더 좋아한다. 꽃이 춤추는 소녀의 모습이다.

누구나 참을 수 있는 것을 참는 것은 일상이다. 강한 자 앞에서 참는 것은 두렵기 때문이요, 자기와 동등한 사람에게 참는 것은 싸우기 싫어서이며, 자기보다 못 한 사람에게 참지 못하는 것은 비굴이다. 자기보다 못한 사람 앞에서 참는 것이 진정한 참음이다. 참기 어려운 것을 참는 것을 진실한 참음이라 말한다. - 좋은 글 중에서 인용
참을 수 없는 것을 참는 것은 명상에서 그 힘을 얻을 수 있다. 꽃을 한 참 바라보면 인내심도 짙어진다. 꽃들은 몸이 잘려도 웃고 있다.

〈작품이야기〉
단순미, 절제미를 강조하는 zen style! 건축양식에도, 의상에도, 여러 디자인 분야에 통용되는 zen style을 화예명상에서 찾아 보았다. 고운 선 하나가 주는 감동! 꽃 한 송이가 즈는 감동! 복잡한 것 보다는 단순함에서 더 울림이 크다.

가난한 가정에서 태어난 것은 내 탓이 아니지만, 지금 내가 가난하게 사는 것은 내 탓이다.
나의 부모님이 나에게 행복을 느끼는 방법을 일러주지 않은 것은 내 탓이 아니지만, 내가 내
자식에게 행복을 느끼는 방법을 가르쳐주지 않은 것은 내 탓이다. 가난해도 한 송이 꽃을 가꿀
줄 아는 마음의 여유와 그 꽃과 마음 나눌 수 있는 정서, 그것을 가르치고 배워야 한다.

<작품이야기>
매화의 소리를 듣고 싶어 백매화를 꽂아 보았다. 아이리스와 핑크색 릴리가 환상의 커플이다.
수줍은 새색시 같기도 하다. 세련미 넘치는 여대생 같기도 하고...
매화는 이름만으로도 정겨움이 느껴진다. 홍매, 백매, 황매... 향기도 그윽하다.

'진정한 아름다움은 눈에서가 아니고 마음에서이다.' 나는 항상 강조한다. 손으로 꽂고 눈으로 보는 꽃꽂이가 아니라 마음으로 꽂고 마음으로 보는 꽃꽂이이어야 한다고... 진심으로 꽃을 구하고 온 마음으로 꽂은 꽃이라면 형태가 뭐 그리 중요하겠는가. 꽃을 대하는 마음에 진실이 있고 진심으로 꽃을 아낄 줄 아는 사람이 꽂은 꽃이라면 그 꽃 속에는 반드시 진실한 마음, 아름다운 언어, 고운 숨소리가 들릴 것이다.

〈작품이야기〉
보랏빛 향연이다. 보라색은 볼 때마다 그리움이 서려있다.
정확하게 꽃으로만 하는 직립형이다. 내가 꽃을 배울 때 우리 선생님께서는 공식에 어긋나지 않게 기초형식을 따르면 이렇게 말씀하셨다. "오늘은 조강지처를 찾으셨군요. 예술은 외도를 좀 하는 것도 작품성이 있습니다." 라고.

맹자는 4단(四端)에서 사람이 지녀야 할 마음 4가지가 있는데 다른 사람을 가엾이 여기는 마음(측은지심), 부끄러워할 줄 아는 마음(수오지심), 옳고 그름을 가릴 줄 아는 마음(시비지심), 겸양할 줄 아는 마음(사양지심), 그중에 으뜸이 수오지심(羞惡之心)이라 하셨다.
부끄러움을 모르면 나의 행동반경에 제한이 없어 온갖 짓을 다 할 수 있다는 것이다. 부끄러운 마음이 있으면 말과 행위에 제어장치가 있는 것과 같아 할 말, 안 할 말, 할 행동, 안 할 행동이 가려진다 하였으니 명상해 보시기 바란다.

〈작품이야기〉
하얀 튤립의 무리가 인상적이다. 새싹이 움트는 천리향의 나뭇가지를 면으로 앉혀주고 스토크와 핑크 나리를 꽂아주었다. 백자 수반과 화대의 조화는 바로 옛 정취를 풍겨주고 있다. 요즘은 오아시스를 많이 사용하여 화기 속의 물을 볼 수 없어 아쉬운데 이 작품은 물이 보인다. 청결하고 맑아서 보는 이의 마음을 씻어 주는 듯하다.

천만 가지 꽃이 한꺼번에 쏟아지는 봄! 꽃은 만국의 공통 언어다. 흑인도 백인도 황색인종도 꽃을 보고 느끼는 마음은 똑같다. 아름답다. 예쁘다. 향기롭다.
아름답다~ 아름답다~ 아름답다를 세 번만 읊조려도 마음의 에너지는 어느새 아름다운 에너지로 전변되고, 예쁘다~ 예쁘다~ 예쁘다 하면 예쁜 에너지로, 향기롭다~ 향기롭다~ 향기롭다 하면 향기로운 에너지로 변화되는 사실을 명상에서 체험해 보자.

<작품이야기>
아마릴리스 한 송이 주지로 처리하고 같은 색깔을 가진 장미를 함께해 주었다. 하얀 등 라인에 라일락 조금 끼워주니 아련함이 서려 있다.
어린아이에게 눈길이 가듯 작은 소재의 선(禪) 꽃꽂이가 사람의 마음을 사로잡는다. 고요하고 조용함은 사람의 마음에 찌꺼기를 걸러내는 거름망이다.

아침에 일어나 창문을 열면 들을 수 있는 새소리! 푸른 나무들의 침묵! 알콩달콩 꽃들의 미소! 맑고 푸른 하늘에 떠다니는 구름! 비온 뒤 빗물에 씻긴 세상을 보는 맛! 이런 일들이 매우 일상적인 것 같지만 그렇지가 않다. 가만히 눈을 감고 이런 것들을 상상하고 입꼬리를 살짝 올려 보자. 구겨진 마음이 펴지는 것을 느낄 수 있다. 이 소소한 일들도 마음을 열지 않으면 얻을 수 없다. 하루에 10분 만이라도 명상을 친구 삼아 보자.

〈작품이야기〉
용수초를 사용하는 방법은 매우 많다. 묶어서 분수형을 만드는 방법, 여러 개를 묶어서 꺾는 방법도 있다. 그러나 이 작품은 한 줄기를 꺾어서 얇은 선(線)을 구상을 해보았다. 클레마티스의 가냘픔과 이미지를 함께하고 싶어서다.

사람들은 즐겁고 기쁠 때는 혼자 있으려 하지 않는다. 슬프고 우울하면 혼자 있고 싶어 한다. 명상은 마음에 고행적 과제가 있을 때 더 가능하다. 혼자 생각하고 혼자 자신의 내면을 들여다보고 혼자 고립되어 보고 싶어 한다. 철저한 고독이 철저한 생존을 잉태하니 생각을 익히고 익히면 자신만의 향기가 생겨난다. 꽃이 질 때 더 향기로운 꽃이 있듯이…
혼자 꽃을 바라보는 시간을 가져 보자. 혼자 꽃의 소리를 들어 보자. 혼자 꽃이 주는 머시지를 적어 보자. 명상은 자기 마음속의 근육을 키우는 작업이다. 꽃들은 그 작업을 돕는 것에 몸을 아끼지 않을 것이다.

〈작품이야기〉
5월 단오에는 창포 삶은 물로 머리를 감으면 윤기가 난다고 하여 창포는 여인들과는 밀접한 관계가 있다. 피기 전에는 입을 꼭 다문 깍쟁이 같지만 꽃이 피면 나비 날개 같은 나풀거리는 꽃잎으로 사람들을 유혹한다. 나는 개인적으로 창포를 좋아한다.

소인배의 눈에는 남의 단점이 먼저 들어오고, 현인의 눈에는 남의 장점이 먼저 들어온다고 한다. 단점을 먼저 보는 사람의 마음에는 부정의 에너지가 흐르고 장점을 먼저 보는 사람의 마음에는 긍정의 에너지가 흐르기 때문이다.

꽃을 하는 사람들은 꽃의 예쁜 모습을 먼저 보는 습관이 있다. 꽃의 시든 모습도 보이기는 하지만 먼저 눈에 띄지는 않는다. 그러므로 화예인들은 저절로 긍정의 에너지를 키울 수 있는 여건을 가진 것에 감사해야 한다.

〈작품이야기〉
조팝나무는 휘청거리는 선을 가지고 있어 하수형태를 표현하기가 매우 좋은 소재이다. 그러나 선과 선 사이에 여백을 주지 않으면 아름다운 선의 자태를 볼 수가 없다. 선과 선 사이에 여백을 만들어 주면서 노랑 장미를 함께 해주니 시각적으로도 봄이 분명하다. 사람과 사람 사이에도 여백은 필요하다.

부는 바람도 공짜! 하늘의 흰 구름도 공짜! 초록으로 물들어가는 나무도 공짜! 눈부신 햇살도 공짜다. 화사하게 피어나는 꽃들도 공짜로 볼 수 있다. 그 꽃이 풍기는 향기도 공짜다. 세상에서 아름다운 것들은 다 공짜다. - 혜민스님 글 중에서

공짜이긴 하지만 마음을 열지 않으면 얻을 수 없다. 마음의 여유가 없어도 볼 수 없다. 명상은 닫힌 마음을 열어주고 팍팍한 마음을 느슨하게 만든다. 하루에 10분 만이라도 자신을 돌아보는 시간을 갖자.

〈작품이야기〉
찻자리 꽃이다. 꽃망울이 방울방울 달려있는 모습이 금방 꽃을 피울 것 같다. 차를 마시는 공간에 꽃이 있으면 반드시 화제(話題)가 된다. 이 꽃 이름이 무엇이지요? 등대나무, 국화, 팔손이... 국화꽃 밑에서 차 한 잔 따라 마시고 싶다. 따뜻함이 목으로 넘어갈 때 그윽한 국화 향을 느끼게 한다.

| 의 | 義 |

공정하고 반듯하여 의리에 어긋남이 없어야 한다.
높은 사람에게 아부하지 말고 평민에 따뜻하라.

행복할 때에는 세상이 온통 행복할 뿐이다. 불행할 때에는 세상이 온통 고통뿐인 것 같다. 큰 것이 있으면 작은 것이 있고, 작은 것이 있으면 큰 것이 있음을 알지 못한다. 오직 한쪽만 바라보기 때문에 순간을 영원으로 착각한다. 모든 것에는 양면이 있다. 그래야만 행복할 때도 길을 잃지 않고 불행할 때도 길을 잃지 않는다. 축을 잃지 않는 삶 그것이 中道를 아는 마음이다.

〈작품이야기〉
내면에 침묵을 가진 듯한 바나나 잎 하나가 이렇게 편안하고 시원스러울 수가 있을까? 무더운 여름 더위를 식혀주기에 충분하다. 함께한 풍선초 그룹들의 다정함에 양난들도 시샘 하듯 모여 있다. 類類相從(류류상종)!

어디에 있든지 앉아 있을 만한 곳이 있으면 그 자리에 앉아서 아무것도 하지 않음을 즐겨라. 그저 숨을 들이마시고 내쉬는 것만 생각하라. 이런저런 생각이나 걱정거리, 일거리에 마음을 빼앗기지 말아라. 앉아서 아무것도 하지 않음을 즐기고, 숨쉬기를 즐기며, 살아있다는 사실을 즐겨라. 이것은 우리에게 큰 치유와 변화의 힘이 되어 줄 것이다. 복잡한 마음을 수게 하고 마음을 비워 평온함을 느껴보라.

〈작품이야기〉
아침 산책길에 개나리 군락을 걸으면서 휘늘어진 선(線) 하나에 욕심을 느끼며 발길 멈추어 훔치기로 작정한다. 두 가지를 자르면서 가슴은 두근거렸지만 오늘 작품 촬영에 사용해야 한다는 욕심에 양심을 비켜놓는다. 백자 긴 항아리에 한 가지 담아보니 그곳에는 욕망과 버려진 양심이 작품에 대한 사랑이라고 타협한 흔적이 남아있다.

가만히 눈을 감기만 해도 기도하는 것이다. 왼손으로 오른손을 감싸기만 해도, 맞잡은 두 손을 가슴 앞에 모으기만 해도, 말없이 누군가의 이름을 불러 주기만 해도 기도하는 것이다.
- 이문재 '오래된 기도' 중에서

꽃 진 자리에서 지난 봄날을 떠 올리기만 해도, 꽃의 향기가 흩어지는 것이 아쉬워 마음속에 담아 두기만 해도 기도하는 것이다. 꽃을 다루는 사람은 항상 꽃과 속삭여야 하며 꽃이 주는 메시지를 들을 수 있어야 한다. 그 때 비로소 꽃은 나의 마음속 절친이 된다.

〈작품이야기〉
영산홍의 꽃들이 다시 봄소식을 가져온다. 매번 맞이하는 봄이지만 언제나 봄은 가슴 설레게 한다. 맑은 유리병! 깨끗한 물! 하얀색 라넌큘러스! 모두 나에게는 고요히 다가오는 다정한 친구들이다. 시끄러움으로 나를 웃기는 친구도 좋지만 조용히 그냥 곁에 있어주는 친구도 좋다.

떨어져 버린 과일은 벌과 나비, 작은 벌레들의 달콤한 양식이 되고, 먹다 흘린 누룽이 밥은 개미들의 넉넉한 먹이가 된다. 버려진 그릇에 고인 물은 목마른 새들에게 목을 축이게 해주고 베어진 나무 그루터기는 먼 길에 지친 나그네에게 편안한 휴식을 준다. 아무리 하찮은 것일지라도 분명히 존재하는 이유가 있을진데 하물며 꽃이 피고 지는 일에 감성이 일지 않겠는가? 바라볼수록, 느낄수록 그 사실은 나를 다시 새로워지게 한다.

〈작품이야기〉
튤립을 그룹으로 꽂아주어 튤립의 존재감을 강조했다. 그리고 봄이면 겨울 동안 잠자던 화단의 지푸라기 속에서 뾰족이 얼굴을 내미는 구근식물들의 새싹을 연상하여 낙엽송을 밑으로 깔아주었다. 화기를 튤립 색깔과 같이 하기 위하여 집에서 사용하는 과일 그릇을 화기로 대체했다. 물이 담기는 모든 것은 화기가 될 수 있다.

인생 여정은 여인숙과 같다고 한다. 살면서 만나는 숱한 감정들은 여인숙을 찾는 손님들이다. 그러므로 우리 몸이 느끼는 모든 감각과 마음이 느끼는 모든 감정을 소중하게 여겨야 한다. 마치 여인숙에 오는 손님을 맞이하는 것처럼 밝은 얼굴로 마음에 찾아오는 번뇌의 손님들에게 친절해야 한다. 억지로 밀어내지 말고 쉬었다 갈 수 있도록 자리를 내주는 마음을 내어보라. 오히려 편안하다.

〈작품이야기〉
다래덩굴의 선을 수평적으로 처리했다. 수평에선 편안하고 안정감을 느끼게 한다. 해바라기와 일명 호랑이눈(루드베키아가 꽃잎과 작별한 상태)이라는 소재를 배합한 것은 호랑이눈의 색이 화기와 같아 동질감을 느끼며 화기는 다기(茶器)의 하나로 비(非) 화기지만 소재들의 색감과 유사하여 사용해 보았다. 끼리끼리.

즐거운 말 한마디가 하루를 빛나게 하며, 따뜻한 말 한마디가 생활을 윤택하게 하며, 사랑스러운 말 한마디가 행복감과 축복을 주며, 격려의 말 한마디가 생명의 빛을 비춰 준다. - 인용
화두(話頭) 챙김이 쉬울 것 같지만 행(行) 하기 어려우니 조용히 눈을 감고 깊이 숨어 있는 나의 오감을 들여다보아야 한다. 명상은 나의 위대한 스승이다.

〈작품이야기〉
목기 화기에 고목이 잘 어울린다. 정금나무와 해바라기 또한 벗하기 좋은 소재들이다.
어울림이란 자연의 조화이며 화예작가는 소재 선택에 주의하지 않으면 시각적 효과를 볼 수가 없다. 해바라기의 표정이 사뭇 웃는 얼굴로 느껴진다.

가끔 망중한(忙中閑)에 허리를 곧게 세우고 두 다리를 모아본다. 손은 무릎 위에 살며시 올려 놓는다. 눈을 살포시 감고 오늘 나는 누구에게 마음의 미소를 주었는가? 마음을 아프게 하는 언행은 하지 않았는가? 그도 나처럼 괴로울 텐데... 그도 나처럼 힘겨울 텐데... 그도 나처럼 삶의 무게를 지고 있을 텐데...
꽃이 사람을 가리지 않고 향기를 주듯 나도 그렇게 꽃처럼 살겠다는 다짐을 해 본다.

〈작품이야기〉
한들한들한 봄옷 한번 입어보지 못하고 겨울에서 여름을 맞는다. 간이(簡易) 계절이 없는 요즈음 꽃으로나마 봄을 느껴본다. 라일락 향기 그윽한 늦은 봄에 계절 감각을 찾아 소풍 한번 가는 느낌으로 이 작품을 만난다.

한 번 들이쉬는 호흡에는 기쁨을, 내쉬는 호흡에는 슬픔을, 두 번 들이쉬는 호흡에는 행복함을, 내쉬는 호흡에는 불행을, 세 번 들이쉬는 호흡 속에는 긍정적인 마음을, 내쉬는 호흡에는 부정적인 마음을, 그리고 들이쉬는 모든 숨 속에는 감사함을, 내쉬는 모든 숨 속에는 불만을 내보내자. 어느새 내 마음은 밝고 맑음으로 가득할 것이다. 항상 호흡에 집중하시기 바라며.
breathing in! breathing out!

〈작품이야기〉
보라색은 얼핏 슬픈 듯하지만 고결함이 있고 흰색은 순수한 듯하지만 절대미가 있다. 흰색과 보라색의 조화에 검은색 수반이 중재를 한다. 각각의 개성은 작가가 담아내야 조화라는 이름으로 사람들의 마음속에 스며든다.

이 세상에 영원히 존재하는 것은 없다. 초침이 바뀌는 순간에도 이 세상은 변한다. 이 세상에 유일하게 존재하는 것이 있다면 진리와 그물처럼 얽혀 있는 관계뿐이다. 사람과 사람의 관계, 사람과 자연의 관계 속에서 우리는 살고 있다. 살면서 가장 중요한 것은 관계 속에서 윤활유가 되는 것이다. 좋고 나쁜 일들을 진심으로 함께하고 맛있는 밥을 함께 먹으며 가진 물건을 서로 나누는 삶, 이것이 관계를 이어주고 이어준다.

〈작품이야기〉
연꽃 무늬 긴 병에 동백과 신(新) 거베라를 고목과 더불어 꽂아 보았다. 동백꽃은 눈만 흘겨도 떨어진다는 말이 있다. 꽃대가 아주 약하게 붙어 있다가 누가 건드리기만 해도 뚝 떨어진다. 송창식님의 '선운사의 동백꽃을 아시나요? 눈물처럼 후두둑 떨어지는 꽃 말이에요...' 라는 노랫말이 동백꽃을 꽂을 때 마다 생각난다.

서쪽으로 기울어져 있는 나무는 쓰러질 때 서쪽으로 쓰러지고, 동쪽으로 기울어져 있는 나무는 동쪽으로 쓰러진다. 우리의 생각이 어디에 있는가에 따라 우리의 삶의 방향도 정해진다. 우리의 삶에 명상이 없다면 사는 대로 생각할 뿐이다. 생각하면서 사는 삶이 진실한 삶의 근원이다.
한 송이 꽃을 만질 때에도 생각 없이는 꽃이 말을 걸어오지 않는다.

〈작품이야기〉
꽃 시장에 들어서자마자 양동이에 담겨 있는 두 가지 핑크색 카네이션의 조합이 눈길을 끌었다.
'저 두 가지 소재를 작품에 사용해야겠다.' 화려한 분홍빛과 부드러운 분홍빛...
겨울의 라목(裸木)들도 나에게는 다정한 친구였는데 또 다른 봄 친구들을 만나고 싶어 하는 이 성급함! 꽃은 계절의 사냥꾼이다.

많은 것보다는 적은 것에, 부(富)보다는 곤궁한 것에, 복잡한 것보다는 단순함에, 시끄러운 것
보다는 조용한 것에, 화려한 것보다는 소박한 것에 정(情)을 느끼는 시간들을 갖길 바란다.
화병에 꽂힌 이 꽃처럼... 백합 두 송이 그 향기 그윽하여 온몸에 스민다.
복잡함이 없는 단순함!!!

〈작품이야기〉
작품의 색깔이 크리스마스 시즌에 거실 한 코너에 꽂으면 좋을 듯하다.
빠~알간 열매와 흰 백합과 수국을 함께해 보았다. 활짝 핀 백합의 향기가 콧속으로 들어오는
것 같다. 꽃을 감상할 때는 눈으로 향기를 맡고, 귀로도 아름다움을 볼줄 알아야 한다.

우리 몸에는 숨을 쉬는 감각기관이 3가지가 있다. 피부호흡(피부를 깨끗이), 맥박(흥분하거나 분노하지 말 것), 그리고 들숨과 날숨이다.
숨을 들이쉬고 내쉬면서, 숨을 들이쉬고 내쉼을 알아차리는 아주 단순한 방법으로 긴장을 풀어내면 몸과 마음은 하나가 된다. 날마다 수행하는 삶이 되소서...

<작품이야기>
곧게 뻗은 두 줄기의 말채는 일상에서 세우는 나의 기운이고 희망이다. 어떤 상황에서도 곧아야 하고 어려운 여건에서도 희망은 있어야 한다. 고목은 생명 있는 모든 나무들의 근원이다. 삶의 근원을 들여다볼 줄 아는 것이 지혜로운 삶을 사는 것이다.

비록 백 년을 살지라도 행실이 나쁘고 마음이 어지럽다면 마음의 고요를 지니고 덕행을 쌓으면서 하루를 사는 것만 못하다. 비록 백 년을 살지라도 어리석어 마음이 흐트러져 있다면 지혜롭고 마음의 고요를 지닌 사람이 단 하루를 사는 것에 미치지 못한다. 질 좋은 삶이란 길고 짧은 것에 있는 것이 아니고 자신의 존재감에 달려 있다.

〈작품이야기〉
수묵담채화(水墨淡彩畵) 같은...
색깔이 있는 것에는 사물의 본 모습이 보이지 않을 수가 있다. 현대에 사는 우리는 치장에 길들어져 있어 사물의 본 모습을 잊고 산다. 가끔 흑백 사진을 바라보면 아련한 옛 추억이 느껴지듯이 수묵담채를 생각하며 꽃으로 그것을 표현해 보았다.

'나는 생각한다. 고로 존재한다.'(데카르트)라는 말을 인용하지 않아도 살고 있으므로 사유(思惟)해야 한다. 깊은 사유는 나를 자유롭게 하고, 진정한 자유인은 어떤 행동을 해도 계율에서 벗어나지 않는다고 한다. 자연의 질서를 아는 사람은 꽃이 피고 지는 것을 볼 때 영원한 것은 아무것도 없다는 것을 깨닫고, 꽃이 피고 지는 것에서 화무 십일홍(花無 十日紅)임을 느낀다.

〈작품이야기〉
묵화 같은 작품이다. 무채색! 여럿 색깔을 다 안고 갈 수 있는 묵화!
작품에서 고요한 침묵이 느껴진다. 잎을 재치고 밥풀 같은 꽃을 피운 애정목의 하얀 꽃이 이채롭다. 말을 아끼는 사람의 이미지다.

살면서 크고 강한 문제가 물소처럼 무섭게 다가올 때는 오히려 그것에 매달리지 말고 놓아 버려라. 상황은 변하고 불은 다 타버리며, 큰 물은 멀지 않아 빠져나간다. 물소가 사납게 뛰기를 멈추었을 때, 사람은 인생에서 위기가 지나갔을 때, 그때야 비로소 효과적인 어떤 일을 할 수 있을 것이다.

〈작품이야기〉
고목은 나이 듦을 느끼게 한다.
오랜 세월을 몸으로 견디어 온 흔적이 쌓여 있으며 그곳에는 어떤 자연의 산물도 보듬어 주는 아량을 느낄 수 있다. 고목은 어떤 꽃과도 잘 어울린다. 지혜로운 노인에게서 우리가 편안함을 느끼듯...

내 마음속에 무엇을 담고 있느냐에 따라 밖으로 비치는 내 모습도 달라진다. 내 마음이 밝으면 얼굴도 밝아지고, 내 마음이 어두워지면 얼굴빛도 어두워진다. 긍정적인 생각은 마음 밭에 자비를 길러주고 부정적인 생각은 마음 밭에 분노를 길러준다. 가장 고급스러운 화장품은 자기 긍정 명상이다.

〈작품이야기〉
마치 고목에서 한 생명이 태어날 탯줄 같다. 빨간색, 남색, 보라색의 아네모네는 새 생명을 축하하려는 축하객 같고…
색감의 조화에는 눈이 호사스럽다. 시각적 감각에도 마음이 열린다. 마음이 보인다.

명상을 하면 마음이 편해진다. 편해진 마음으로 생활하면 인간관계가 좋아지고, 가족이 행복해지고 하는 일이 잘 풀린다. 그것이 바로 명상에서 얻은 지혜의 힘이다. 지혜의 힘은 마음을 평화롭게 하고, 너와 나를 하나로 만들고, 세상을 아름답게 만든다. 人性의 꽃들이 만발한 세상. 그곳만이 우리의 영혼이 자유를 얻는 곳이다. 자유! 환자에게 여러 가지 치료를 위해 꽂아놓은 링거줄들이 사라지는 것과 같다.

〈작품이야기〉
부들의 훤칠한 키가 시원스럽다. 여러 가지 소재가 조합되지 않아 더욱 깔끔하고 시원하다. 여름에는 더위를 피하려 하지 말고 더위 속으로 들어가 보는 것이 더위를 이기는 방법이다. 以熱治熱!

내가 자유롭길 바라는 것처럼 모든 존재들이 자유롭길 바라는 마음을 내본다. 내가 평온하길 바라는 것처럼 모든 존재들이 평온하길 바라는 마음을 내본다. 내가 행복하길 바라는 것처럼 모든 존재들이 행복하길 바라는 마음을 내본다. 주변사람들의 안락(安樂)이 나의 안락이 되기 때문이다. 사촌이 땅을 사면 배가 아픈 시대는 지나갔다. 사촌이 잘 살아야 내가 편하다.

〈작품이야기〉
알리움의 줄기에는 선율이 있다. 모두 세워야만 그 선을 볼 수 있다는 보편성에서 일탈해 본다. 눕혀서 보는 선(線)! 그리고 팔손이의 덩어리! 잎사귀로 만든 그린 꽃 한 송이에서 편안함을 느낀다. 무리(群)는 힘이다.

사람들은 누구나 자기 자신을 사랑한다. 누구도 자기만큼 자신을 사랑하는 사람은 없다. 어떤 사람이든 '과연 내가 나를 사랑하는가?'를 알아야 한다. 몸으로는 바르게 행동하고, 입으로는 바른 말을 하고, 마음으로는 바른 생각을 하는 이러한 사람이 자기 자신을 가장 사랑하는 사람이다. 그때야 비로소 아름다운 한 송이 꽃이 되고 다른 사람들이 아름다운 사람이라고 말을 한다.

〈작품이야기〉
비상하는 두 곡선에 시선이 머문다. 바람에 날리는 듯한 연두색 맨드라미의 결도 한 번 봐주자. 그리고 서리만 오면 떨어진다는 낙상홍이 주는 교훈도 새기면서 물러날 때 물러나 주는 것, 지혜로운 사람이 할 일이다.

'아쉬움' 이란 단어와 '기대' 라는 단어가 공존하는 연말연시! 기대는 행복과 반비례한다. 기대가 크면 실망도 크다. 한 해를 보내면서 나는 이렇게 기도한다. "지난 한 해 무사고, 무병, 무탈이었던 것처럼 올해도 작년만큼만 살게 하여지이다." 보낸 지난해는 너무나 감사한 해였고 올해는 지난해 보다 더 감사해야 할 일을 해야겠다고 기도한다.
내쉬는 숨에서도 감사, 들이쉬는 숨에서도 감사~

〈작품이야기〉
먼 나무의 빠~알간 열매가 잎 때문에 가려진다. 잎을 떼어주고 열매를 부각시켰다. 빨강에 빨강을 더한 안스리움이 빨강의 가치를 높여주며, 그에 보색대비가 되는 노란색 리시안셔스가 빨강을 빛나게 한다. 곧은 듯 부드러운 말채의 두 줄기는 영원히 만날 수 없는 걸까?
이루어질 수 없는 사랑!

'지식보다는 지성' 이라는 말이 있다. 인도의 정신적 스승인 간디의 말(言).
인격 없는 지식, 노동 없는 부(富), 양심 없는 쾌락, 도덕성 없는 상업, 인간성 없는 과학, 희생 없는 종교, 원칙 없는 정치. 인격이 없는 지식을 함부로 남용하면 사회 악이 된다는 말을 고치면 마치 "아는 것이 병이다." 일까? 아는 것이 힘이 되려면 지성이 병행되어야 한다.

〈작품이야기〉
나뭇잎 화기에 수선화와 산당화를 꽂아보았다. 서양수선화는 보기는 화려해도 향이 없지만 조선수선화는 화려하지는 않지만 향이 좋다. 한단 사서 거실에 꽂아두면 한 일주일 향기를 즐길 수 있다. 옆으로 뻗어나간 산당화가 수선화의 향기에 묻힐까 '나도 좀 봐주세요.' 한다.

미워하는 사람이 계속 마음에서 사라지지 않으면 자신에게 질문해 보자. 나는 누구의 마음속에서 미움의 대상이 되고 있지는 않은지? 원망하는 사람이 계속 마음에서 사라지지 않으면 지금 이 순간 누군가가 나를 원망하고 있지는 않는가?
이심전심이라는 말이 있다. 내가 어떤 사람을 미워하면 반드시 그도 나를 미워하고 내가 어떤 사람에게 호감을 가지면 그 사람도 나에게 호감을 가진다. 역지사지(易地思之)! 남의 입장에서 생각해 보고 바꿔서 나를 바라보는 것이 명상이다.

〈작품이야기〉
옛날 선인들이 사용하던 무명 짜기, 삼베 짜기에서 날 줄을 담는 북이라는 것으로 화기를 삼고 그곳에 난(蘭)잎을 봉안 접기로 꽃꽂이를 해 보았다. 문인화어서는 "蘭을 친다"고 하고 꽃꽂이에서는 "蘭으로 봉안 접기"라고 한다. 추사 김정희 선생은 난을 치는 법은 반드시 "문자향(文字香) 서권기(書卷氣)를 체득한 후에 얻을 수 있다"고 말씀하셨다.

어느 선사께서 말씀하시기를… "새해니 묵은해니 구별하지 말게나. 아침에 떠오르는 해를 보라. 어느 것이 묵은해며 어느 것이 새해 인지?" 다만 분별하는 사람들의 마음 속에서나 가는 해 오는 해가 있을 뿐이다. 지혜로운 자는 지난해의 슬프고 헛된 일들을 버리고 오로지 좋은 일들에 감사하며 희망찬 새해를 맞이한다.

〈작품이야기〉
시장에서 노란색 남천 열매를 보고 놀라움이 컸다. 빨간색 남천 열매는 자주 볼 수 있지만 노란색은 희귀하다. 흔하면 귀하지 않다는 말이 있듯이. 사람들은 흔하지 않은 것에 관심이 있다. 예쁘든 예쁘지 않든… 드문 것에 대한 호기심은 영원하다. Long and Short 의 기법이 이채롭다.

한 송이 꽃의 탄생과 죽음까지를 관찰할 수 있다면 그것은 사람의 일생을 관찰하는 것과 같다. 꽃에도 유아기, 청년기, 장년기, 노년기, 사망기가 있다. 어린 봉우리를 보면 가냘프고, 막 피고 있는 꽃을 보면 귀엽고, 활짝 핀 꽃송이를 보면 탐스럽다. 그러나 지고 있는 꽃을 볼 때는 사람의 노년기에 비유하지 않을 수가 없다. 아무리 예쁜 꽃일지라도 지는 모습은 안타깝다. 이 사실을 인지하고 사는 사람은 삶이 더욱 겸손해질 것이다.

〈작품이야기〉
고목이 무거운 듯하지만 고목이 가지고 있는 선을 보면 아주 한국적인 곡선미를 가지고 있다. 한복 저고리의 배래선! 기와집 지붕 끝자락에서 올라간 선! 버선의 수눅선! 우리 선인들의 예술작품에서 자주 볼 수 있는 곡선들이다. 미니 남천 덩어리를 무거운 고목과 대비시켜 놓아두고 장미 두 송이와 노란 남천 열매가 서로 이 작품의 에지(Edge)라고 한다.

| 예 | 禮 |

규정과 도덕을 기초로 삼아 예절을 지키고
불편함을 참고 견디는 것이 禮이다.

search inside yourself = 안으로 들어가기
'들떠서 대문 밖 나서는 하루가 돌아오는 밤이면 뉘우치기 일쑤다. 덧없이 서성인 날이 스스로 허전하다. 밖으로 나가는 하나의 길이 있다. 그것은 안으로 들어가는 길이다. 저절로 대상을 향해 문이 열릴 때까지...' - 구중서 시인의 글 중에서
모든 것을 바깥에서 구하지 말고 내 안에서 구하라는 말이 명상에서는 들린다.

〈작품이야기〉
이른 봄에 이토록 아름다운 설유화를 볼 수 있다는 것은 행운이다. 눈꽃을 닮아 설유화라는 이름을 가진 이 꽃은 사계절 우리에게 꽃꽂이 소재로 孝(효)자다. 호접란과 함께 꽂아주니 깨끗한 이미지가 충만하다.

열린 귀로는 듣기만 하여라. 눈으로는 보기만 하여라. 입은 다물고 마음은 열어라. 모두 성인들의 말씀이다. 홀로 있으면 비로소 귀가 열린다. 내 안의 소리, 사물의 소곤거림, 때론 이웃들의 한숨 소리도 들린다. 듣는다는 것은 곧, 나만의 정원을 산책하는 것이다. 꽃과 물은 불가분의 관계이고 사람과 인성도 불가분의 관계이다. 인성의 꽃밭은 마음이다.

〈작품이야기〉
물이 가득 담긴 화기에 누운 crescent 형태의 작품을 해 보았다. 넓은 화기에 공간미도 좋지만 물을 볼 수 있어 더욱 좋다. 모든 사람들이 크리센트형은 Up or Down 형으로 하는 것에 반해 눕혀 보았다. 맑은 물은 언제나 사람들에게 친근감과 잔잔함으로 다가온다.
오! 맑은 물... 한 모금 목을 적시고 싶다. 그리고 삶의 때를 씻어 내고 싶다.

가슴을 열어 보자. 답답한 일들이 모여 있다. 머릿속을 들여다보자. 헝클어진 일상들이 널브러져 있다. 눈 속을 들여다보자. 아직 울지 못한 눈물이 있다. 물어 보라. 슬픈 일들이 없었느냐고? 모두들 그렇게 살고 있다. 나만 "왜 이래." 는 아니다. 마음을 가지런히 하고 흔들리는 마음을 가라앉혀 보자. 그리고 아무 말도 하지 않는 꽃들과 대화해 보자. 꽃이 말할 것이다.
"비바람에 흔들리지 않고 꽃을 피울 수는 없습니다." 라고...

〈작품이야기〉
바구니에 꽃꽂이 형태로 꽂아 보았다. 연핑크색의 안스리움을 옆으로 조용히 뉘어 꽂고 엷은 살색의 하이페리쿰을 집합하여 한쪽으로 모아 주었다. 잠시 고요함이 느껴진다.

맑은 하늘에 흰 뭉게구름이 떠있는 것을 상상해 보라. 파란 초원에 빨강, 노랑 피어있는 꽃들을 상상해 보라. 맑고 깨끗한 물이 유유히 흐르는 시냇물을 상상해 보라. 대체 누가 이 자연 앞에서 구겨진 마음을 보일 수 있을까? 좋은 것만 생각하고, 아름다움 것만 상상하면 벌써 마음은 아름다운 꽃들이 수를 놓는다. 명상(冥想)은 마음속 어둠을 지우는 작업이다.

〈작품이야기〉
엷고 짙은 그린 빛 소재로만 구상한 작품이다. 이곳에 붉은색이 없어 아쉽다는 생각은 들지 않는다. 다른 색과 혼합하지 않은 순수한 그린 빛이 말이 적은 사람으로 느껴진다. 여러 가지 혼합된 색의 꽃을 보면 때로는 시끄러운 사람을 보는 듯하다. 침묵은 다변(多辯)보다 상위다.

말에는 기운이 있다. 좋은 말을 하는 사람에게는 좋은 기운이, 나쁜 말을 하는 사람에게는 나쁜 기운이 생성한다. 좋은 말, 고운 말, 예쁜 말을 많이 하는 사람들은 얼굴이 맑고 깨끗하지만 불만이나 투정 같은 나쁜 말을 많이 하는 사람은 얼굴이 어둡고 피부가 거칠어진다. 고운 말 속에는 고운 기운이 오고 험한 말속에는 험한 기운이 온다. 나에게서 나간 말은 부메랑이 되어 나에게로 다시 돌아온다는 것을 아는 것은 삶의 큰 지혜다.

〈작품이야기〉
보랏빛의 향연이다. 들꽃 같은 이미지를 가진 '바푸티샤' 라고 하는 땅콩 나무의 꽃과 캄파눌라의 꽃 색깔이 사촌지간인 듯 너무 비슷한 보라색이다. 화기보다는 꽃바구니에 담겨 있는 모습이 더욱 자연스럽다. 창밖에 놓인 한 폭의 풍경 같고 아침 이슬을 먹은 나팔꽃을 연상케도 한다.

생각을 줄이면 머리가 가벼워지고, 몸도 건강해진다. 생각이 많으면 머리가 아프고, 생각에 치여서 몸도 무거워진다. 생각을 정리하고 단순하게 살면 몸에도 마음에도 공간이 생겨 여유로움을 느낄 수 있다. 생각을 멈추고 가볍게 몸을 움직이면 체력은 자연적으로 건강해진다. 공간은 우리의 의식을 지배한다는 말이 있다. 거주하는 집안의 공간도 물건을 좀 정리혜서 넓게 살아보자.

〈작품이야기〉
노란 금사철에 노오란 장미를 친구해 주었다. 노랑색은 어쩐지 봄을 상징하는 색깔인 것 같다. 요즘은 간이 계절이 사라진 겨울 겨울 하다가 여름이 온다.
오바코트와 여름 T-shirt를 동시에 입어야 하는 이상기후에서 봄을 느끼기가 어렵다. 꽃으로만이라도 사라진 봄의 아쉬움을 달래고 싶어 노란색을 선택해 보았다. 영춘화 몇 줄기도 함께 해주고 금사철을 평행으로 놓아 주니 편안함이 느껴지면서 늦은 봄과 초여름을 함께 느껴본다.

우리 마음속에는 항상 많은 사람들이 들어오기도 하고 나가기도 한다. 'black guest'와 'white guest'가 있다. 좋은 사람은 밝은 손님으로 반갑고 나쁜 사람은 어두운 사람으로 빨리 나가기를 바란다. 그러나 빨리 나가주지 않는다. 마음속으로 '검은 손님이구나!' 만 생각하면 밀어내는 힘보다 인정하는 힘이 더 강해 어느새 나가는 것을 느낄 수 있다. 항상 '아하! 그렇구나~' 만을 생각하고 순간에 깨어 있으면 부딪치는 일은 줄어들 것이다. Just now! 바로 이 순간 깨어있는 것이 명상의 초석이다.

〈작품이야기〉
부들 잎과 고목과 작약! 그리고 무늬 엽란의 조합이다. 부들 잎의 끝을 한데 모아 잘라주니 자연스럽지는 않지만 깔끔함이 더하다. 중앙에 고목으로 무게를 잡아주니 얼굴이 큰 작약도 그곳에서 편안함이 느껴진다. 엷은 핑크색 작약에 한 송이 붉은색 작약이 맛깔스럽다.

어떤 일이나 사물을 볼 때 풍경 보듯이 보라. 누가 뭐라고 하면 풍경 보듯이 '좋구나', '아름답구나', '좀 더럽구나' 하면 될 것을 마음으로 접수해서 내 일로 만든다. 내 일이 되면 일일이 반응하고 간섭하고 해결하려고 한다. 시비를 거는 사람은 없는데 오가는 풍경을 끌어당겨 번잡하게 요리를 한다. '풍경이 지나가는구나.' 하고 거리를 두고 나와 무관하다고 생각하면 된다. 수많은 꽃이 아무리 아름다울지라도 내 것이라는 것은 없다.

〈작품이야기〉
벽걸이로 된 가는 통나무 화기를 이용하여 간결한 선화(禪花)로 꽂아 보았다. 찻자리 꽃으로도 좋다. 여름에는 꽃들의 수명이 짧아 얼굴은 크고 꽃의 육질이 두꺼운 양난을 이용하였다. 수양버들의 선으로 반경을 크게 잡아 시원스러움을 느끼게 하였다. 대나무와 양란의 색이 형제지간 같다.

속에서 터쳐 나오는 에너지에 복종하듯이 더위에도 꽃은 피고 진다. 자연의 섭리를 거스르지 않기 때문이다. 중국여행 중 어느 야산에서 수많은 종류의 야생화를 보면서 이름도 성도 모르는 꽃들이 자리다툼 없이 무더운 더위에도 방긋 방긋 웃는 모습을 보았다. 지금 이대로, 있는 그대로, 그 꽃들은 주어진 생을 즐기고 있는 듯했다. 더위도, 추위도, 그들에게는 오로지 자기 몫을 다 할 뿐이라는 것...

〈작품이야기〉
부들의 훤칠한 키에 진달래 가지를 다듬어 동반자로 하고, 아킬레아의 곧은 선을 부들과 함께 세웠다. 센타우레아(노란수레국화)라는 노란 꽃으로 중앙을 장식하여 여백을 확보하니 시원스러움이 느껴진다.

우리는 시든 꽃을 보면 반갑지가 않다. 그 꽃도 한 때 아름다웠던 시간이 있었다. 눈앞에 싱그럽고 아름다운 꽃 한 송이 있으면 환호를 한다. '어머! 너무 예쁘다~' 며칠 지나면 그 꽃도 시든다는 사실을 잊은 채... 현명한 사람은 보이는 것보다는 보이지 않는 것을 보는 마음의 눈을 가져야 한다. 과거와 미래를 함께보는 지혜가 우리에게 필요하다. 명상은 지혜를 키우는 온상이다.

〈작품이야기〉
이른 봄 베이비 그린 잎을 가진 야생 조팝나무줄기가 시원스레 뻗어있다. 안스리움, 장미, 루스커스 오순도순 이야기를 하는 듯하고 솟은 두 줄기 안스리움은 어느 그룹의 반장격으로 서있다. 군중이 있으면 그곳에는 반드시 장(長)이 있고 장에 따라 군중은 행복할 수도 불행할 수도 있다.

우리가 살면서 가장 확실한 투자는 남에게 베푸는 것이다. 내가 가지고 있는 돈은 언젠가 모두 나에게서 나갈 돈이다. 남을 위해 사용한 돈이나 남에게 베푼 선행의 대가는 언젠가 나에게 되돌아온다. 이자까지 붙여서... 어느 스님의 법문에서 들은 이야기이다.
남을 위해 행동하고 남을 위해 말한다면 그것은 오로지 나를 위함이요, 나의 미래의 온전한 투자가 될 것이다. 내가 주는 돈, 내가 주는 친절, 내가 주는 사랑은 밑진 적이 없다. 꽃 한 송이 받고 싶으면 내가 먼저 한 송이를 선물하라.

〈작품이야기〉
요즈음 미니 남천이 인기소재로 사람들의 주목을 받고 있다. 입이 좁은 토기 화기에 남천과 양란은 덩어리로 표현하고, 느티나무 한 줄기 선(線)으로 표현하여 덩어리와 선의 조화를 대비해 보았다. 비록 많은 양의 소재는 아니지만 깔끔 단아함에 시선이 머문다.

아침에 피는 나팔꽃은 저녁의 고즈넉한 분위기를 느껴보지 못한다. 저녁에 피는 달맞이꽃은 찬란한 아침을 경험하지 못한다. 아마도 그들은 평생 서로를 부러워할지 모른다. 나팔꽃은 고즈넉한 밤을, 달맞이꽃은 찬란한 아침을... 사람들도 가보지 못한 길에 대한 동경과 가고 있는 길에 대한 불만족에 항상 아쉬워한다. 그러나 아침은 아침의 향기가 있고 저녁은 저녁의 향기가 있어 서로 다를 뿐 더 좋고 더 나쁜 것은 없다.

〈작품이야기〉
느티나무와 유칼립투스, 장미! 부드러운 색상들이다. 화병 아랫부분에 꽃이 없어 화병의 제 모습을 볼 수 있다. 화기가 예쁠 때는 화기의 존재감도 살려주는 것이 좋다.
유칼립투스는 코알라 밥이라고 한다. 향이 진하고 독성이 강해 어른 코알라는 괜찮지만 아기 코알라는 엄마가 먹고 배설한 것으로 먹다가 어느 정도 성장해야지 혼자서 먹을 수 있단다. 참으로 종족 보존의 신비다.

가만히 눈을 감고 마음에 하얀 스크린을 깔아 놓는다. 깊은 호흡 여닐곱번 하고, 어린 시절을 회상해보자. 어린 시절 내가 살던 집! 우리 집 화단에는 어떤 꽃이 있었지? 봉숭아, 맨드라미, 채송화... 풍경이 있는 나의 방, 신발, 옷, 가방, 단짝친구 등등... 그리고 내가 즐겨 읽던 동화책, 나의 엄마와 아버지... 눈에는 금방 눈물이 고인다. 그리움이 농익은 따뜻한 눈물이...
가끔 어린 시절을 명상하는 것은 순수를 찾아 떠나는 여행이다!

〈작품이야기〉
대나무에서는 강직하고 올곧은 사람을 비유하게 되고 소나무는 사철 푸르러 변함없는 충절을 비유한다. 두 소재에 비해 장미는 가냘픈 여인 같지만 어떤 선비에게도 어떤 충신에게도 연정 하나 없었겠는가? 정월에 만난 이 작품은 옛 문인들의 시에 많이 애용된 소재들이다.

명상은 구름 뒤에 숨어 있는 해를 보는 것이고, 태양이 떠오르면 아침 안개가 사라지는 것으로도 비유한다. 또 숨겨놓은 자신의 내면을 찾는 일이라고도 한다. 구름을 헤쳐 나가면 그 위에는 밝은 해가 있듯이 자신의 어두운 면을 벗겨 나가면 참 나를 만날 수 있다. 거짓 없고 솔직한 나를 만날 때 비로소 진짜 나를 만난다. 평소의 남들에게 보이는 행동양식을 벗고 내면의 나만 알 수 있는 존재양식으로 본래 나를 본다.

〈작품이야기〉
이 작품에 무슨 설명이 필요할까? 예쁘다는 말 밖에는...
신 루스커스의 열매가 거베라 색깔과 같아서 거베라 씨앗을 뿌려 놓은 듯하다.
잎을 제거한 두 줄기를 보라. 글 속에 내재한 한 구절의 싯귀 같다.

'나는 특별한 존재다, 나는 특별해야 한다.' 라는 생각은 정말 위험한 생각이다. 이 세상에 모든 꽃들은 자신을 그렇게 생각하지 않는다. 있는 그대로, 생긴 그대로, 있는 그 곳이 자신의 자리라고 생각한다. 꽃처럼, 풀처럼, 나무처럼 주어진 조건에서 그냥 살면 그때 우리는 특별한 사람이 될 것이다.

〈작품이야기〉
중후함이 느껴지는 작품이다. 잎새란의 곧음이며 드라세나(=플로탑)의 덩어리가 주는 무게감이 그렇다. 수국 색깔과 고목 또한 중후함의 이미지가 있지만 연미색의 장미 3송이가 작품의 무게를 들어준다. 작가도 이런 작품 앞에서는 감사함이 느껴진다. 제작비의 저렴함에 비해 작품의 만족도는 높다.

소심소고(素心溯考) 소박한 마음으로 돌아가 다시 깊이 생각하라는 뜻이다.
우리는 언제라도 돌아갈 곳이 있다. 잠시 쉬어 갈 마음속의 둥지가 있다. 그곳은 소박하고 순수해서 나의 이기심을 보담아 준다. 쉬면서 생각해보면 모든 것이 쉬워진다. 내가 보이고 남도 보인다.

〈작품이야기〉
엽난을 돌려 꽂기로 하여 파란 집을 만들고 얼굴이 큰 프론티어 두 송이 focal point로 꽂아 주었다. 싱그럽고 넉넉하다. 부잣집 맏며느리의 후덕함이 느껴진다.

우리는 명상을 통해 이 세상의 모든 존재는 전체이고 하나임을 느낀다. 나는 그들과 같고 그들은 우리와 같다. 우리와 마찬가지로 그들에게도 행복과 고통이 있다. 그들에게 있는 슬픔이나 기쁨이 우리에게도 있다. 누구나 똑같다는 것이다. 나의 아픔이, 나의 기쁨이, 다른 사람의 아픔과 다른 사람의 기쁨 속에서 하나임을 느끼는 순간 우리는 평화 속에 있을 것이다.

〈작품이야기〉
어느 도예작가께서 나에게 이 화기를 선물로 주셨다. 고마움을 표현하기 위해 작품에 성심성의를 다 해 보았는데 뜻대로 되지는 않았다. 화기를 살리기 위해 소재를 최소로 사용했다. 잎새란과 양란 두 송이, 갈잎들도 흩어 놓았다. 화기를 위해...

별은 아무리 예뻐도 낮에는 볼 수 없다. 달이 아무리 밝아도 낮은 비출 수 없다. 해가 아무리 밝아도 밤을 밝힐 수는 없다. 모두 우주의 섭리다.
사람도 각자 쓰임새가 있다. 이 사람은 이렇게, 저 사람은 저렇게, 모든 사람은 다 필요한 존재이다. 모든 꽃이 나름대로 우리의 가슴에 수를 놓듯....

〈작품이야기〉
얼핏 보면 클로버 잎 같은 으름나무 잎을 보면 마치 여럿 행운을 달고 있는 나무 같다. 나의 스승님은 으름나무와 나리는 천생연분이라는 말씀을 하셨다. 잘 어울리는 짝이다. 많지 않은 소재이지만 소박미에 마음이 움직인다. 한가로움이 주는 여유! '쉬면 비로소 보인다'는 혜민 스님의 책 제목이 생각난다.

태양의 따뜻함을 감사해 본 적이 있는가? 바람의 싱그러움을 감사해 본 적이 있는가? 꽃의 향기에 감사해 본적이 있는가? 친구와의 맛있는 대화를 감사해 본 적이 있는가? 눈에 보이지 않는 공기가 나의 숨길의 통로라는 것에 감사해 본 적이 있는가?
감사 하나에 행복 하나. 감사 100에 행복 100. 투정 하나에 불행 하나. 투정 100에 불행 100.
오늘은 '감사합니다' 로 명상을 시작해 보자. 감사하는 마음은 뜻하지 않은 선물을 준다.

〈작품이야기〉
다래 덩굴로 허면(虛面)을 만들어 보았다. 좁은 허면이라 무겁지 않게 느껴지며 몬스테라 위에서 장미가 덩어리로 처리되어 깔끔하다. 장미는 화중왕(花中王)이라 어느 작품에나 최고의 자리에 앉는다. 호리병의 옆선이 곱고 다래 선 또한 곱다. 線! 線! 線!

성공한 사람은 올라간 자리에서 내려올 때 더 조심해야 되며 비행기도 이륙할 때 보다 착륙할 때 위험성이 더 크다. 등산하는 사람들도 산을 오를 때 보다는 내려올 때 더 큰 위험이 있다는 사실을 알아야 된다. 허둥지둥 빨리 올라 갈 때는 보이지 않았던 꽃이 여유를 가지고 내려올 때는 지천에 아름다운 꽃이 나를 행복하게 한다는 사실도 알게 된다. 모두는 올라가는 희열 보다는 내려오는 안전에 마음을 두는 것이 지혜로운 삶이다. 명상은 이런 것을 알게 해 준다.

〈작품이야기〉
테이블야자의 긴 잎을 조금씩 잘라서 잎맥의 선을 고스란히 느끼게 하였다. 얼마나 부드러운 곡선인지 놀랍다. 글로리오사와 동일 색감의 장미로 포인트를 주니 작품에 귀품이 흐른다. 화려한 듯하지만 그 속에는 자유로움과 엄격함이 내재되어 있는 듯하여 시선이 한참 고정됨을 느낀다. 가운데 잎을 모두 제거한 선하나 일절일미다.

부디 그렇게 하지 마라. 한순간 전에 일어난 일이든, 오 분 전에 일어난 일이든, 몇 시간 전에 일어난 일이든, 그 어떤 것에도 머물러 있게 하지 마라. 과거를 놓아버리면 당신은 자유로워진다. 당신이 가진 것은 오로지 지금 이 순간뿐임을 되새겨 과거로부터 자유로워지시기 바란다. 이것이 홀로 행복한 길이다.

〈작품이야기〉
작가는 소재 이름을 사전에 있는 단어보다 속어나 시골에서 의미를 부여한 이름이 좋다. 표준어는 사각형이라면 속어는 부등면 삼각형이다. 훨씬 정감으로 다가오는 까치밥(노박덩굴)이 새삼 예뻐 보인다. 요즈음 대국(大菊)을 만나기가 어렵다. 토기화기가 가을을 온통 안아 버렸다.

우리 내부에서 일어나는 분노는 무엇으로 밀어 낼까? 우리 내부에서 일어나는 원망은 무엇으로 밀어 낼까? 우리 내부에서 일어나는 성냄은 무엇으로 밀어 낼까? 알아차림!
내가 화를 내고 있구나. 내가 누구를 원망하고 있구나. 내가 성내고 있구나.
'알아차림'으로 밀어 낼 수 있다.

〈작품이야기〉
시장 갈 시간이 없어 남은 소재와 집 근처 공원에서 몇 개 꺾어 왔다. 그런대로 갈산 화기라 가을을 표현하는데 손색이 없다. 소국은 언제 보아도 초등학교 동창생 같다. 초등학교 동창생은 오랜만에 만나도 그 정겨움이 고향에 온 것 같다.

| 지 | 智 |

마땅히 지혜로움을 말한다.
선행을 하면 지혜는 따라 온다.

사람의 뇌에서 발생하는 신경 전달 물질 중에는 기분이 좋을 때 발생하는 엔돌핀이 있다. 엔돌핀보다 400배 효과가 높은 다이돌핀이라는 물질은 감동을 받았을 때 생성되는 것이란다. '누가 나를 감동케 하느냐' 보다는 내가 '누구에게 감동을 주느냐' 를 생각해 보기로 하자. 꽃이 사람에게 감동을 주듯 가까운 가족, 친구, 동료들에게 먼저 감동을 주는 삶을 살아보자. 어떤 사람으로 부터 뜻하지 않은 꽃 선물! 쪽지 편지! 데이트 요청! 오늘 당신은 나에게 꽃이었다.

〈작품이야기〉
제비란과 은단나무 두 줄기를 옆으로 뉘어주었다. 맨드라미를 중간 매체로 사용하여 선이 고운 꽃꽂이가 되었다. 화석을 하나 중앙에 놓으니 무게감이 느껴진다. 백자와 맑은 물과 화석이 어우러짐이 소 자연을 느끼게 한다. 요즈음 꽃꽂이에서는 흔하게 볼 수 없는 모습이다.

사람이 신으로부터 받은 선물이 세 가지가 있다. 하나는 웃음, 또 하나는 울음, 나머지 하나는 망각이다. 웃음은 내 몸이라는 작은 우주에 밝은 에너지를 만들고, 눈물은 마음에 낀 번뇌 망상을 씻어 준다. 망각! 이것이 없다면 우리는 머리, 마음이 무거워 들고 다닐 수가 없을 것이다. 과거의 좋고 나쁜 일들을 잊을 수 있는 것, 망각이라는 것은 마음을 정화하는 특효약이다. 명상에서도 지우기는 가능하다.

〈작품이야기〉
말채로 사각 Frame을 만들어 그 속에 빨간 안스리움을 엣지 있게 놓아 주었다. 마치 어린 아이가 까~꿍 하는 것 같지 않은가? 골드세피아 몇 줄기 밑에서 꽂아 주어 단순미를 강조하기도 했다. 소재가 차지하는 공간은 양(陽)의 공간이고 소재가 없는 빈 공간은 음(陰)의 공간이다. 작품 속에서의 음과 양의 대비를 잘 보여주는 작품이다.

삶에서 가장 중요한 것은 관계이다. 가족관계, 친구관계, 직장동료와의 관계, 관계가 원만하면 모든 것이 편안하다. 직장에서도 일이 많고 어려운 것은 큰 문제가 안 된다. 함께 하는 사람들과의 관계가 어려우면 그곳이 지옥이다. 꽃들의 관계성을 생각해 보자. 다른 꽃에 대한 무관심과 배려가 있다. 자리를 뺏으려하지 않고 닮으려 하지 않는다.

〈작품이야기〉
핑크색의 꽃을 가진 물싸리가 화대 위에 놓여있다. 홍죽과 양란의 색상이 이웃색이라 세련미가 느껴진다. 홍싸리의 선들이 새들의 날갯짓처럼 느껴지는 것은 작가의 눈에서만 일까?

부정적인 마음은 불행을 초래하고, 감사한 마음은 행복을 초래한다. 행복은 멀리서 따라오는 것이 아니고 하늘에서 소리 없이 내려오는 것도 아니다. 내가 느끼는 것이다. 불행하지 않은 순간은 모두 행복한 시간이다. 명상에서는 쉽게 느낄 수 있다.

〈작품이야기〉
옆 페이지 작품과 같은 날 촬영을 하여 물싸리가 두 작품 모두에 주인공이 되었다.
라일락과 핑크백합이 아래를 받쳐준다. 이 작품 역시 세련된 귀부인의 모습 같아 눈길을 끈다.
두 작품이 비슷해도 또 다른 맛이 있다. 비교하지 말고 다름을 인지하자.

자비의 마음은 저절로 생기는 것이 아니다. 자비는 잠깐 일어났다 사라지는 순간성도 아니다. 자비는 끊임없는 수행을 통해서 마음 깊은 곳에서 뜨겁게 솟아오르는 가장 아름답고 숭고한 사랑이다. 사랑하는 마음을 한 번, 두 번, 세 번... 100번을 하면 내 안에서 사랑하는 마음은 습관이 되어 있다. 습관이 된 마음은 저절로 이며 나도 모르는 사이 내 것이 되어 있다.

〈작품이야기〉
흰 장미는 언제나 우리에게 순결로 다가온다. 순결은 거짓 없고 淸白(청백) 하다. 화기조차 하얀 장미를 닮았다. 입속 가득 장미를 물고 있다. 순백美! 그곳에 교차된 난 줄기가 생명선 처럼 느껴진다. 정적만은 아니다. 움직임이 보인다.

올바른 자세에서 올바른 호흡이 나온다. 올바른 생각에서 올바른 행동이 나온다. 올바른 판단에서 올바른 신뢰가 나온다. 올바른 언어에서 올바른 문자가 나온다.
예쁘다는 것은 그 사람의 생각이 예뻐야 하며, 아름답다는 것은 그 사람의 삶이 아름다워야 하며, 지혜롭다는 것은 그 사람에게 사유하는 힘이 있어야 한다.

〈작품이야기〉
레이스 플라워라고 하는 이 꽃은 정말이지 뜨개실로 레이스(lace)을 짠 것 같은 느낌이 든다.
이름이 그냥 붙여지는 것은 아니다. 이름이 사람을 닮고 사람이 이름을 닮는다.
소박하게 꽂아보았다.

예술가는 어디서든지 무엇이든지 있는 그대로 보아서는 안 된다. 오히려 더 다정하게 보아야 하며, 오히려 더 강력하게 끌려 들어가야 한다. 하여 그것이 주는 이미지의 싹을 키워서 다른 사람들을 감동하게 작품화해야 한다. 그러기 위해서는 내 속에 갇혀 있어서는 아니 되며, 자유로운 영혼을 가지고 상상력을 키워야 한다. 명상은 갇혀 있는 영혼을 자유로운 에너지로 바꿔준다.

〈작품이야기〉
부들 잎들을 모아서 원추형 구조물을 만들어 화병을 원추형 속에 넣고, 양란 몇 줄기 엣지있게 옆으로 빼 주었다. 밑 부분은 양란 색이 들어있는 석죽으로 리스형 장식을 가늘게 만들어 주었다. 아주 간결한 작품이지만 명료하다. 선화(禪花)다. 불교에서 선(禪)이란 줄이고 줄이는 작업이다.

꽃 한 송이의 기적을 명상에서 볼 수 있다면 우리의 삶은 무척 달라질 것이다. 연꽃은 진흙 속에서 자라면서도 진흙이 몸에 묻지 않는다. 그리고 온몸을 우리에게 다 준다. 뿌리, 줄기, 잎, 꽃잎, 씨앗까지도 한 점 불만 없이. 꽃의 색깔이나 모양을 자세히 보는 것은 친밀감이고 여러 꽃을 한꺼번에 보는 것은 포만감이다. 아껴보는 습관은 그만큼 그것에 대한 애정이 깊은 것이다. 명상 속에서 꽃을 보라. 더 많이, 더 넓게, 더 깊이 마음으로 들어올 것이다.

〈작품이야기〉
분리형인 듯한 작품이다. 1화병의 까치밥(노박덩굴)과 2화병의 노박덩굴의 선을 이용, 크레센트형이 만들어졌다. 비스듬히 놓인 듯 정리하고 두 개의 화기를 한쪽으로 몰아서 꽃을 꽂으니 비대칭형으로 구성이 되었다. 까치밥은 속어이지만 작가는 속어가 좋다. 속어 속에는 시(時)·공(空)이 함께 존재한다.

매일 기분이 너무 좋은 것도 바람직하지는 않다. 항상 들떠 있는 마음은 많은 에너지를 필요로 한다. 기분이란 너무 좋을 필요도 없고 너무 나쁠 필요는 더욱 없어야 한다. 자신을 쾌적한 상태로 유지하면 된다. 좋지도 싫지도 않을 때가 최적이다. '더도 덜도 말고 한가위만 같아라.' 라는 말도 여름만큼 덥지도, 겨울만큼 춥지도 말라는 뜻이란다. 우주의 평소 상태도 기쁨에 가까운 평온 상태라고 한다. 명상은 사람 마음의 온도를 아주 고요하고 평화로운 상태로 만들어 준다. 이것이 최고로 적절한 마음 상태이다.

〈작품이야기〉
쿠르쿠마의 곧은 선은 말할 것도 없이 정직함을 느끼게 한다. 그리고 색감은 고요하다. 쿠르쿠마의 잎은 상인들의 박한 인심으로 한 장이 묶여져 있다. 대국도 잎으로 대신하고 파란색과 핑크색의 수국을 낮게 앉혀 높이 솟은 쿠르쿠마를 안정감 있게 했으며 파란 유리화병과 컬러 콤비네이션이 이루어져서 시원함이 더 하다.

내가 하는 말에는 씨앗이 있다. 내가 행동하는 것에도 씨앗이 있다. 내가 생각하는 것에도 씨앗이 있다. 그 씨앗들은 나의 의식세계에 새겨 진다. 착한 것은 착한 결정체로, 나쁜 것은 나쁜 결정체로, 그리고 언젠가는 싹을 틔운다. 그것을 불교에서는 과보라고 한다. 업(karma)!
말과 행동, 생각에도 생명이 있다는 것은 매우 조심스러운 삶을 살아야 함을 일깨워 준다.
꽃씨를 보아라. 심은 대로 볼 것이다.

〈작품이야기〉
대국도와 몬스테라 잎의 대조이다. 대국도의 잎맥이 수직이고 몬스테라의 잎맥은 수평이다. 수직과 수평사이에 국화꽃 덩어리들이 수국처럼 탐스럽게 꽂혀있다. 국화꽃들의 무게감 때문에 고목도 하나 곁들여 주었다. 용담초를 포인트로 꽂아 주었다.

내 마음이 고요하면 주변도 고요해 진다. 내 마음이 밝으면 주변에 밝은 사람이 많다. 내 마음이 어두우면 주변에 어두운 사람이 많다. 내가 흔들리지 않으면 내 주위로 동심원을 그리며 주변으로 퍼져나가게 된다. 내 삶의 중심에는 내가 있다. 내 인생의 주인공은 나 자신이다. 해바라기가 해를 따라 돌듯 내 인생은 나를 따라 돌고 있다. 내가 어찌 비틀거릴 수 있단 말인가?

〈작품이야기〉
영산홍은 사철 예쁘다. 요즈음 나뭇가지 소재가 빈약한 때에 마침 한 줄기 멋진 영산홍 가지를 찾을 수 있어 다행이다. 맨드라미와 영산홍 사이의 여백이 매우 시원스럽다. 각박한 사람에게서는 멀어지고 싶고, 여유 있는 사람에게는 다가서고 싶다.

우리는 마음이라는 창를 통해서만 세상을 볼 수 있다. 마음이 시끄러우면 세상도 시끄러운 것이고 마음이 평화로우면 세상도 평화롭다. 세상을 바꾸는 것은 내 마음을 바꾸는 것이고 내 마음의 조직을 이해하는 것이다. 번뇌 망상으로 생각하고 판단하고 거부하는 것은 힘들고 어려운 일이다. 일체유심조(一切有心!造)!

〈작품이야기〉
이끼시아의 흰칠함이 마음을 시원하게 해주고 메리골드로 반쪽의 태극무늬를 형상화 했다. 간결미! 그리고 명확성! 사람도 선명한 사람이 좋다.

김유정의 '나와 너 그리고 우리가 될 때까지'에 이런 말이 있다. '나'라는 존재일 때는 문제가 없다. '너'라는 존재를 생각하면 문제가 달라진다. '나에게 너를 맞추느냐? 너에게 나를 맞추느냐?' 답이 없다. 둘 중 하나가 배려하지 않는 한, 둘 중 하나가 포용하지 않는 한, 둘 중 하나가 용서하지 않는 한, 백합이 장미가 될 수 없고 장미가 백합이 될 수 없음을 명심하자.

〈작품이야기〉
고목에 하이페리쿰과 장미를 더해 주었다. 죽음과 삶에서 빛을 보는듯하다. 죽음이 이렇게 삶의 스승이 될 줄이야. 고목이 살아있는 장미를 돋보이게 하는 이치도 이 맥락이다. 삶과 죽음은 하나라는 부처님의 말씀이 새삼 공감으로 다가온다. 생사일여(生死一如)!

남의 허물을 가르키는 손가락은 하나지만 나머지 세 손가락이 나를 지목한다.
남의 허물을 보지 마라. 남이 했건 말았건 상관하지 마라. 다만 내 자신이 저지른 허물고- 게으름
만을 보라. 남의 허물을 찾아내어 항상 불평을 하는 사람은 번뇌의 때가 점점 두터워ㅈ 며 삶은
불행이라는 늪으로 빠져 들어가게 된다.

〈작품이야기〉
엉클어진 다래덩굴 선에서도 질서를 느낄 수 있듯이 우리가 모두 자유분방하게 사는 것 같지만
윤리나 도덕관에서 어긋나지 않으려 애쓰고 있다. 붓꽃의 높고 낮음이 정갈하다.

세상의 모든 행복은 남을 위한 마음에서 오고 세상의 모든 불행은 이기심에서 온다. 어리석은 사람은 자기 이익에만 매달리고 지혜로운 사람은 다른 사람의 이익을 우선한다.
그리고 행복이란 불행하지 않은 순간은 다 행복한 순간이다. 불행 제로의 시간을 만드는 것은 마음에 달려 있다.

〈작품이야기〉
개나리는 봄의 전령사이기도 하지만 율동적인 선은 선율을 느끼게 한다. 부드럽고 자연스러움이 무희의 춤 자락 같다. 한쪽으로 길게 누운 선과 솟아 오른 두 선은 서로 주인공 같다. 보는 사람 눈에서는 겨누려 하는 것 같지만 둘은 모두 스스로 서 있을 뿐이다. 다른 선을 다치게 하기 위해 존재하지 않는다. 그것이 자연이 가지는 양보다.

인생을 계절에 비유하면 10-20代를 봄, 30~40代를 여름, 50~60代를 가을, 70代 이상을 겨울로 비유한다. 그리고 해가 질 무렵 노을을 보면서 우리들의 노년(老年)을 생각하게 한다. 단풍! 노을! 모두 황혼에 비유하지만, 아름답기로는 으뜸이다. 그들은 시간의 흐름에 진실한 답을 했을 뿐... 많은 사람들은 단풍이나 노을을 찾아 여행을 한다. 노년에는 더욱 아름다운 낙엽이 되어, 노을이 되어, 젊은이들의 쉼터가 되어주는 것을 생각하니 얼마나 아름다운 마무리인가!

〈작품이야기〉
이 작품은 장미가 주인공이 아니고 노박덩굴의 선(線)이 주인이다. 다정금의 열매도 결실의 계절에 그 이름을 발하고 만인이 좋아하는 장미는 오히려 이 작품에서는 엑스트라 같은 느낌이다. 온상에서 사람의 손에 의해 성장한 장미보다는 자연이 만들어 준 까치밥 선의 존재가 자연의 산물로써 더욱 위상이 느껴진다.

위대한 명상가는 주어진 여건 속에서 만족하며 많고 적음을 불평하지 않는다. 메마름과 습함, 추위와 더위, 가뭄과 홍수를 탓하지도 않는다. 일체의 모든 환경을 자신 안에서 승화시키며 무한한 생명력으로 끊임없이 희생한다. 어머니의 품처럼 항상 고요하고 따스함으로...
조용히 만물을 품는 식물이야말로 위대한 명상가다.

〈작품이야기〉
작품이 밝은 색감은 아니지만 무게감이 느껴진다. 밝고 맑아서 좋은 작품도 있지만 무게감이 있어 좋은 작품도 있다. 사람도 상냥하고 다정하면 좋지만 무뚝뚝해도 인간미가 느껴지는 것이 이와 같다. 錦木! 화살나무를 금목이라고도 한다. 아름다운 나무! 단풍이 들면 너무나 아름답다고 하여 금목이라 이름한다. 그곳에 보랏빛 국화와 잎모란이 금목과 류류(類類)를 이룬다.

이기심은 자기 존재를 아끼고 사랑하는 마음에서 나오는 것이다. 그 마음이 자신으로 한정되어 자기만을 위하면 이기심이지만, 내 안에 있는 이기심이 타인으로 향하게 될 때에는 이타심이 된다. 결국 이기심과 이타심은 한마음에서 싹트는 것이다. 나와 내 가족만 아는 이기심이 아닌 지구를 품 안에 넣을 정도의 넉넉한 마음이라면 이타심을 넘은 자비심이 되는 것이다.

〈작품이야기〉
꽃을 사용하지 않고 작품을 만들어 보았다. 가을이면 효자 소재인 남천과 화초 토마토! 소재의 특성을 살려주었다. 시원한 느낌의 남천은 세우고 화초 토마토는 모아서 아래로 정리해보았. 깔끔하고 담백한 것이 향기는 있으려나 싶다. 사람도 너무 완벽하면 사람 냄새가 적다고 한다.

명상을 하면 우리 마음속에 작고 아름다운 섬이 생긴다. 그곳에서 우리는 행복과 평화를 느낄 수 있으며, 살면서 슬플 때나 괴로울 때, 자기 마음속에 있는 작은 섬을 찾아가게 된다. 거기에서 우리는 쉴 수 있다. 당신이 행복감과 안정감, 기쁨을 느낄 수 있는 당신 안의 작은 섬은 영적인 명상을 통해서만 발견할 수 있고 당신이 쉴 수 있는 둥지가 된다.

〈작품이야기〉
맑고 선명한 작품이다. 사람의 마음이 이만큼 맑고 선명할 수 있다면 더 이상 아무런 노력을 하지 않아도 인성은 향기로 가득 찰 것이다. 인성의 향기는 표현으로 표출되는 것이 아니고, 침묵으로 감춰지는 것도 아니다. 찻잔에 차 향기가 우러나듯 그럴 수밖에 없다. 저절로... it self.

따뜻한 마음(心), 친절한 말씨(言), 따뜻한 눈길(眼), 웃는 얼굴(顔), 건강한 몸(身). 이런 것은 돈을 들이지 않고도 남에게 베풀 수 있는 것들이다. 부담 없이 나누고 베풀 수 있는 마음이 있고, 말씨가 있고, 눈길이 있고, 얼굴이 있고, 몸이 있는 것을 감사해 본 적은 있는가? 감사하고 행복한 지금, Just now. 누구든 옆에 있는 사람에게 따뜻한 말 한마디 건네 보자. '사랑합니다.'

〈작품이야기〉
영롱한 빠알간 색 화기는 우리 아파트 쓰레기장에서 혼자 뒹굴고 있었다. 그냥 지나치려다가 되돌아가서 가져오니 온전치는 못하다. 그래도 물을 담는 데는 손색이 없다. 깨끗이 씻어 맑은 물을 담고 글로리오사와 그린 수국을 벗해주니 빨간 색이 더욱 영롱하다. '누가 누구 옆에 있는가'는 '그를 돋보이게 하는가? 아닌가?' 이다. 내 옆에 있는 누구를 빛나게 해 줄 때까지 정진하라.

꽃의 모습을 닮고 싶은가? 꽃의 향기를 가져오고 싶은가? 꽃이 속삭이는 소리를 듣고 싶은가?
그러면 침묵 하라. 그리고 다가가라. 온 마음으로...
꽃이 말 할 것이다. 당신은 이미 꽃이었다고. 사람의 성품은 이미 꽃이고, 바람이고, 공기인데 우리의 욕심이 가리고 있을 뿐이다.

〈작품이야기〉
호리병 두 개를 이용, 다래덩굴과 클레마티스, 수국이 한 작품을 이뤘다. 클레마티스에 비해 수국의 얼굴이 좀 크지만 둥근 얼굴을 가진 수국에는 원만성이 느껴지고 클레마티스에서는 함초롬한 귀부인의 자태가 느껴진다. 우리에게는 두 개의 분위기가 다 필요하다. 원만함도 귀족美도...

명상은 내가 나를 바라보는 작업이다. 내가 착한 행동을 하고 있는가? 나쁜 행동을 하고 있는가? 남과 나를 견주는 마음이 있으면 진심을 흐리게 하고, 남을 시기하고 질투하는 마음이 있으면 마음에 검은 구름이 일어난다. 밝은 마음으로, 감사한 마음으로, 행복한 마음으로.
마음의 때를 씻는 것이 명상이다. 지금 이 순간 깨어있으면 평화를 경험한다.

〈작품이야기〉
여러 해 동안 포도가 익어가면서 세월의 축적이 만들어 놓은 포도 가지의 모양이 예술적이다. 포도 가지 하나가 확실한 자기 모습을 가졌기에 그 곳에 꽃 몇 송이 곁들어 보았다. 단순해서 느낌이 좋다. 선(禪)에서 '시끄러움은 그릇을 깨고 침묵은 벽을 뚫는다.' 는 말이 있다.

감사 명상으로 인성의 조도(照度)를 높여 보자. 아침에 눈을 뜰 수 있음에 감사! 일하러 갈 수 있는 건강과 일터가 있음에 감사! 아침에 모닝커피 한 잔의 감사! 점심을 함께 할 수 있는 친구가 있어 감사! 퇴근하고 돌아와 피곤한 몸을 쉴 수 있는 집이 있어 감사! 감사하는 마음은 나의 에너지를 어둠에서 밝음으로 인도한다. 감사 명상은 옹달샘에 고인 맑은 물 한 모금과도 같다.

〈작품이야기〉
봄이면 언제나 만날 수 있는 벚꽃이지만 항상 정답게, 호사스럽게 다가온다. 자연에서 보는 벚꽃은 나무 둥치 그대로 즐기지만 꽃꽂이에서 보는 벚꽃은 가까이에서 그가 가진 선과 꽃 모양을 더 자세히 들여다볼 수가 있다. 예쁜 선과 꽃잎은 '하늘하늘, 살랑살랑'이라는 단어가 연상된다. 보라색의 리시안셔스를 함께하여 더욱 곱디곱다.

우리가 행복할 수 없는 것은 항상 '나' 때문이 아니고 '너' 때문이라는 것이다. 자기 견해만을 쫓아 바른 것을 바르게 보지 못하고 남의 탓을 하기 때문이다. '틀리다' 라는 말을 '다르다' 라고 바꿔서 생각해 보면 상대방을 이해할 수 있다. '다르다' 라는 것을 '틀리다' 로 받아들이면 불행해진다.

〈작품이야기〉
설유화의 직선과 곡선의 만남이 절묘하다. 옹기 입을 가득 메운 살색 장미와 흰색 스토크가 마음이 보드라운 사람을 연상하게 한다. 아니면 조용한 여인!
우리 그릇 옹기는 흙과 바람과 불이 빚은 최고의 걸작이다.

| 신 | 信 |

사람의 말을 믿는 것으로
의심 하는 일도, 의심 받는 일도 없어야 한다.
저울의 눈을 속이지 않아야 한다.

몸에 좋은 영양제는 약품이고, 마음에 좋은 영양제는 좋은 말들이다. 마음의 작은 병은 꽃을 통해 치유 가능하며, 경미한 두통은 꽃향기에 사라지고, 우울한 마음은 꽃들의 성품을 보면서 모두 사라진다. 화예치료, 원예치료, 향기치료... 이런 모든 것은 자연치료의 효과를 가져온다. 명상에서 생각 하나 바꾸면 마음은 자연이 된다. 명상에서 얻은 교훈은 우리를 평화롭게 하고 꽃을 사랑하는 마음은 세상을 아름답게 한다.

〈작품이야기〉
청미래 덩굴, 산귀래, 명감, 망개, 모두 한 소재에 붙여진 이름이다. 작가는 그 중에서도 망개라는 이름을 좋아한다. 어릴 적 야산에서 새콤한 망개 열매를 따 먹고 놀던 생각을 하면 저절로 즐겁다. 망개 한 줄기 화기 아래로 늘어지게 꽂아주고 나머지는 무리를 지어 반대쪽에 꽂아주었다. 그리고 대국(大菊) 두 송이! 복잡하지 않고 단순함이 마음을 경쾌하게 한다.

눈을 감고 장미 한 송이 머릿속에 떠 올려보자. 흰색, 빨간색, 노란색, 분홍색의 장미를…
자연이 아니면 누가 이 예쁜 색으로 장미를 물들일까? 눈을 감고 장미의 향기를 음미해 보자.
자연이 아니면 누가 이 달콤한 향기를 만들 수 있을까? 자연은 우리의 스승이자 위대한 조언가다.
내가 자연 속에서 호흡하는 것을 명상하고 입꼬리를 올려보자. 명상을 하면 저절로 얼굴이
맑아지고 잔잔한 미소가 얼굴에서 사라지지 않는다.

〈작품이야기〉
단풍 진 설유화와 진 갈색의 양란! 하이페리쿰의 열매를 더해 주어 가을을 표현했다. 화기는
옛날 통장군으로 화병의 입 부분이 좁아 많은 소재를 꽂을 수가 없다. 많은 양의 꽃꽂이는
화려할 수는 있지만 맛깔 질 수는 없다. 쟁반에 담긴 음식이 소량일 때 맛깔져 보이는 것처럼…

종교의 궁극적인 목표는 대 자유인이 되는 것이다. 살아가면서 어떤 일에도 구속받지 않는 것을 불교에서는 해탈이라고 한다. 여행을 떠날 때 비가 내리지 않기를 바라지 않는다. 바람이 불지 않기를 바라지도 않는다. 이미 내 마음은 어떤 비에도 바람에도 대처할 능력이 있다는 생각! 이것이 바로 해탈이다. 비와 바람에 흔들리지 않고 피는 꽃이 없듯이 나의 역경은 바로 나의 해탈이 답(答) 임을 생각해 보자.

〈작품이야기〉
이 작품은 순수라는 의미를 느끼면서 정리해 보았다. 은회색 화기며 유칼립투스의 희뿌연 색감에 불로초의 흐린 분홍빛이 자꾸만 2% 부족한 듯 순수미가 느껴진다. 사람도 순수함이 느껴질 때 거리감이 없어진다. 부드럽고 순수한 이 작품에서 은은한 향기를 느끼며 결코 화려하지 않은 것이 누추해 보이지도 않는구나 싶다.

2박 3일로 집중 명상을 다녀온 적이 있다. 보태어 묵언(默言)까지. 가끔 말 없어 보는 것, 가끔 생각 없어 보는 것, 가끔 행동 없어 보는 것, 오로지 가만히 앉아 이것이 무엇인가를 참구했다. what is this? who am I? 명상은 마음의 근육을 키우는 행위이다. 명상을 하면 자신감이 생기고 친절해진다. 화예인들은 꽃을 하는 동안만이라도 선(禪)에 들 수 있어야 한다. 차분하게, 엄격하게, 진실하게 꽃을 대(對)하는 그 마음을 찾기 위하여…

<작품이야기>
기린초 여덟 단으로 만들어진 작품이다. 수업을 하기 위해 기린초를 구입했는데 연구실에 와서 풀어보니 잎이 모두 썩어 있었다. 잎을 모두 제거하고 꽃은 사용해도 될 것 같아 꽃만 사용하는 Wreath에 mass를 생각해 냈다. 화예 작가들은 꽃들의 생명을 나의 생명처럼 소중하게 생각해 주는 것, 이것도 테크닉 이상의 사명이다.

마음이 불안할 때는 무조건 걸어 보아라. 강 옆을 걷다보면 강물이 말을 걸어온다. 숲길을 걷다 보면 이름 모를 나무나 풀들이 손짓을 한다. 꽃길을 걷다 보면 여러 가지 꽃들의 소리를 들을 수 있다. 그러는 사이, 불안한 마음은 저절로 사라지고 내가 강이 되고, 숲속의 나무가 되고, 꽃이 되어 있다. 누군가에게 답을 구하지 않아도 스스로 답을 얻을 수도 있다. 신선한 에너지가 몸을 감싸면 불안한 마음이 저절로 사라진다는 것을… 의식은 명료해지고 사고는 단순해진다. 이것이 걷기 명상에서 얻을 수 있는 선물이다.

〈작품이야기〉
가을에는 노박덩굴이 한껏 가을을 느끼게 한다. 일명 까치밥이라고도 하는 노박덩굴은 선이 예뻐서 어떤 작품을 구상해도 적합성이 좋다. 이 작품은 선이 아래로 흐르는 하수형으로 억새풀과 맨드라미로 함께 가을 이야기를 엮고 있다.

해가 질 때도, 해가 뜰 때도, 그 순간 가슴을 치는 것은 자연의 아름다움이다.
들이쉬는 숨에 자연을 말아 넣고 내쉬는 숨에 자연을 토해 내면 내 몸은 이미 자연의 일부로 전변된다. 한낮에 바른 분 냄새는 어디론가 가고 사람 냄새가 전해 온다.

〈작품이야기〉
까치밥과 두 종류의 소국으로 가을을 느껴본다. '한 송이 국화꽃을 피우기 위해 소쩍새는 그렇게 밤새워 울었나 보다' 라는 시구(詩句)를 생각하지 않아도 노랑 자주, 자주 노랑 국화는 밤새워 이야기꽃을 피운 듯하다. 오순도순 알록달록한 이야기를 까치밥 선이 쳐놓은 춤사위 속에서....

꽃이 아름답게 피기 위해서는 숱한 인고의 세월을 참고 견뎌야 한다. 그 어떤 꽃이라도 고통의 세월을 견디었기에 그 빛이 그리 곱다고나 할까?
사람도 고생하지 않고 어려움을 모르면 사람 냄새가 적다고 한다. 삶이 힘겨워 울어본 사람만이 인생의 참맛을 알며 다른 사람들의 어려움을 이해하고 토닥토닥 등 두드려 줄줄 안다.

〈작품이야기〉
잎새란을 돌려서 꽂아 공간을 주지 않았다. 그 대신 글로리오사 한 줄기로 여백의 미를 주었다. 아래쪽 하이페리쿰과 글로리오사의 배합이 다정해 보인다. 모던(modern style)한 작품이다.

어느 식물학자는 말했다. '이 세상에서 가장 힘이 강한 것을 끝으라면 그것은 식물일 것이다.' 라고... 아무리 큰 쓰나미가 휩쓸고 지나간 자리에도 일 년만 지나면 식물이 그 폐허를 다 덮어 버린다. 아무리 큰 화재가 난 곳도 일 년이 지나면 아무 일도 없었다는 듯 파란 이름 모를 식물로 뒤덮여 있다. 한 겨울 다 말라죽었나 싶으면 봄에 모든 새싹들이 온 대지를 파랗게 만들어 놓는다. 얼마나 위대한 것이 식물인지 말이다. 우리 마음에도 파란 식물의 종자가 있다. 어렵고, 괴롭고, 슬픈 일상에서도 파란 식물이 마음속에서 자라고 있다는 것을 명상하기 바란다.

〈작품이야기〉
졸업시즌에는 꽃값이 최대치라 시장에 가서 꽃값을 물어보기가 겁날 정도다. 이렇게 꽃값이 비쌀 때는 대체 소재를 사용하는 것도 좋을 것 같다. 식물을 이용해서 작품 소재를 해보니 신선한 느낌도 들고 새롭다는 생각이 든다.

'운명애(運命愛)' 아모르 파티! 운명을 사랑하라! 독일의 철학자 니체의 말이다.
운명을 대적할 자 누가 있는가 받아들이는 마음 따라 좋은 운명, 나쁜 운명이 된다. 큰 고민도 지혜로 만나면 쉽게 풀어지고 작은 고민도 욕심으로 만나면 어려워진다. 지금 이대로 행복하다. 있는 그대로 감사하다. 오늘도 이 글을 읽으시고 이 말을 음미하면서 생활하기 바란다.

〈작품이야기〉
참깨 대가 시장에서 여러 가지 옷으로 바꿔 입고 나와 있다. 이 주홍색 컬러가 열매 있는 홀리와 잘 어울릴 것 같아 오지항아리에 함께 꽂아 보았다. 그곳에 벽돌색 국화를 친구로 크리스마스와 신정꽃꽂이의 향을 조금씩 첨가해 향토적인 냄새를 느끼게 했다.

"어제 내린 비에 젖은 옷을 오늘 입지 말고, 내일 내릴 비를 위해 오늘 무거운 우산을 들고 다니지 말라"는 말이 있다. 과거는 흘러갔고 미래는 오지 않았으니 과거나 미래에 마음을 묶어 놓지 말라는 뜻이다.

시들어서 버린 꽃에게는 안녕! 하고, 오늘 우리가 만난 꽃들에게는 행복! 이라 하고, 내일 또 만날 꽃들에게는 감사! 라 하고, 항상 마음속에 있는 꽃들을 친구로 생각하면서 꽃을 명상의 소재로 삼아 본다.

〈작품이야기〉
카메라로는 왁스 플라워를 실제만큼 예쁘게 표현해 주지 못했다. 얼마나 색감이 오묘한지 한눈에 반해 수입 꽃 좋아하지 않는 내가 냉큼 구매를 했다. 몇 줄기 남겨 집에 꽂아놓고 며칠간 즐기고 있다. 아이리스와 녹색 심비디움의 양이 너무 많은 것 같다. 사진과 실물이 다름은 사람의 겉 모양과 속 모양이 다른 것과도 비교해 본다.

꽃은 내 인생에 스승이다. 꽃은 말없이 우리를 교화한다. 꽃은 자연의 산물로써 사람 위에 존재한다. 꽃을 처음 대하면 그저 '아름답다', '예쁘다', '향기롭다'에 취해서 진정 꽃이 주는 메시지를 들을 수가 없다. 꽃은 여여(如如)히 자연의 산물로 거기에 피어 있을 뿐이다.
꽃 자신이 아름답다거나, 예쁘다거나, 향기롭다고 뽐 내지 않는다는 것을 우리는 느낄 줄 알아야 한다. 꽃의 겸손을, 꽃의 너그러움을, 꽃의 침묵을…

〈작품이야기〉
은은하면서 선이 느껴지는 작품이다. 색감이 화려하지는 않지만 고급지다. 잎새란의 직선과 아킬레아의 부드러운 곡선! 여백이 잘 드러나 작품에서의 복잡성을 피했다. 초록색 화기와 작품 전체의 색상 결합이 조화롭다. 조화란 어긋남이 없는 것이다.

화용월태(花容月態) : 꽃 같은 얼굴과 달 같은 자태 / 화안미소(花顏微笑) : 꽃 같은 미소 /
금상첨화(錦上添花) : 비단 위에 꽃을 더하다. / 해어화(解語花) : 말을 아는 꽃(지혜와 덕을
갖춘 기생을 일컫는 말) / 설부화용(雪膚花容) : 눈처럼 흰 살결과 꽃처럼 고운 얼굴
이 모든 말들은 꽃을 비유하여 만들어진 말이다. 꽃이 얼마나 소중한 것이면 옛 선인들은 꽃을
비유하여 시를 쓰고 은유하며 대화의 소재로 삼았겠는가? 우리 화예인들은 이런 아름다운 꽃들을
매일매일 만지니 꽃을 노래하는 시인이 될 수밖에 없다.

〈작품이야기〉
미니 루드베키아를 한 아름 꺾어 왔다. 바구니에 가득 담아보니 마음이 열린다. 오만가지 잡동
사니 꽃들로 가득한 것보다 훨씬 단아하고 편안하며 단순함이라는 맛에 취해본다. 요즈음
조금만 도시를 벗어나도 볼 수 있는 꽃이지만 사람의 손에서 다듬어지니 이런 진미가 있구나!

우리가 잘못을 하더라도 잘못인 줄을 알면 그것이 참 마음이요, 잘못을 하고서도 그것이 잘못인 줄 모른다면 그는 어두운 감옥에 갇혀 있는 것과 같다. 실수는 누구나 할 수 있는 것이다. 실수 후 그것에 대해 반성하고 사과할 줄 아느냐에 따라 우리의 인성은 '꽃을 피우느냐, 피우지 못하느냐'로 갈라진다. 들이쉬는 숨에 뉘우침, 내쉬는 숨에 새로운 다짐을 해 보자.

〈작품이야기〉
크리스마스 season에 꽂은 작품이다.
촛불은 우리 문화에 많은 공을 세운다. 종교적으로는 기도할 때, 정치적으로는 시위할 때, 추모 시에도…. 그러나 촛불의 본뜻은 자기 몸을 태워 주위를 밝히는 아주 숭고한 희생정신이 깃들어 있다. 우리는 촛불로부터 그것을 배워야 한다.

아름다운 백합 한 송이 당신 앞에 꽂아 보라. 그리고 향기를 들이마시며 스스로에게 말해 보라. 내가 없다면 이 꽃의 향기도 없다. 내가 없다면 이 꽃의 색깔도 없다. 내가 없다면 이 꽃의 모양도 없다. 꽃을 보는 것이 나를 바라보는 것이다. 꽃향기를 맡는 것이 나의 향기를 맡는 것이다. 백합을 보면서 나의 시각, 촉각, 후각이 살아있는지를 자각하는 것이 나를 찾는 길이다. 내가 없으면 세상도 없고 꽃도 없다.

〈작품이야기〉
백합의 정렬이 자연스럽지는 않지만 이색적이다. 옛날 조지아라는 백합은 머리가 'ㄱ'자로 생겨서 각도를 잘 맞춰서 꽂으면 멋진 작품을 제작할 수 있지만 요즘 백합은 머리가 꼿꼿하여 옛날 정취를 느낄 수가 없어 아쉽다. 뒤에 꽂은 백합이 피었을 때를 상상하면 마치 관현악단 뒤에 서있는 악사들이 연상된다. 동양도 서양도 아닌 오직 작가의 마음에서 단들어진 JinHee's style 일이다.

사람들은 봉사하는 삶을 살아야 되다고 하면 '그것도 돈이 있어야 하지.' 라고 말한다. 돈 없이도 할 수 있는 나눔이 있다. 웃는 얼굴, 따뜻한 마음, 다정한 눈길, 건강한 몸, 복잡한 곳에서 자리를 조금 내어주는 것 등 이런 것들은 돈이 없어도 가능하다. 그중에도 웃는 얼굴은 으뜸이다. 화안미소! 염화미소! 함박꽃 웃음! 모두 꽃을 비유한 말이다. 꽃은 명상을 하는 도구로 으뜸이다.

〈작품이야기〉
잎이 짧은 육송은 음력설을 즈음하여 시장에 많이 나온다. 선(線)만 예쁜 것이 아니라 잎을 자세히 들여다보면 자그마한 솔잎이 오순도순 모여 있는 것이 마치 어린아이들의 모습 같다. 황색 장미와 갈색 소국이 함께하니 더욱 한국의 美를 느끼게 한다. 한국적인 이미지는 왜 항상 우리에게 그리움의 대상이 될까. 그리움도 때로는 energy다.

죽기 전에 해 보고 싶은 것을 적어보는 것을 버킷리스트(bucket list)라고 한다. 살아가면서 고마운 일들을 적어보는 'Thanks list'를 작성해 보는 것도 좋을 것 같다. 아주 사소한 일부터... 살아있다는 것, 일할 수 있다는 것, 먹을 수 있다는 것, 부모님이 계시다는 것, 다정한 친구가 있다는 것 등등. 꽃을 하는 사람들은 '매일 아름다운 꽃을 만질 수 있어 감사합니다.' 감사한 마음은 마음의 욕심을 덜어내는 가장 큰 명약이다.

〈작품이야기〉
녹색의 향연이라고나 할까. 순수 미(美)를 말하고 싶다. 덴드론과 그린 양란! 여러 가지 소재를 섞는 것보다는 한두 가지 소재를 사용하면 복잡해 보이지 않고 그 소재의 존재가 더 확연히 보인다. 그린색에 마음이 정화되는 느낌이다. 가느다란 백색 등라인이 엣지(edge)있다. 비대칭형이다.

잠시 눈을 감고 졸졸졸 흐르는 시냇물 소리를 느껴 보자. 솔솔솔 부는 바람이 얼굴을 스치는 것을 상상해 보자. 산 속 깊은 곳, 그늘진 바위틈에서 흘러나오는 차가운 물에 손을 담근다는 것을 상상해 보자. 더위를 들어내는 명상이다. 그리고 매미소리에 귀 기울여 보자. 지금이 여름임을 알아차릴 수 있다.

〈작품이야기〉
수양버들의 가는 선을 한데 묶어 방사형으로 꽂아보았다. 중앙에서 방사형으로 펼쳐지는 수양버들 끝자락에 산귀래 열매를 달아 늘어지는 선에 탄력을 주었다. 꽃을 곁들이지 않은 것은 담백미를 느끼고 싶어서다. 그리고 떨어지는 열매에서는 다시 뛰어오를 것 같은 역동성을 느낀다.

〈3초를 기다릴 줄 아는 지혜〉 정말 화가 나서 참을 수 없을 때 3초만 심호흡을 해 보자. 3초가 운명을 바꿀 수 있다. 남편이 아내에게 아내가 남편에게 화가 나서 소리를 질러도 3초만 미소 짓고 그냥 경청해 보자. 서로에게 신뢰와 믿음을 키우는 순간이다. 인생이 힘들다고 느껴질 때 3초만 기도하는 마음을 내 보자. 아침에 눈을 뜨고 살아있음을 3초만 감사하게 생각해 보자. 보석 같은 하루가 당신을 기다릴 것이다. 명상은 마음을 순하게 길들이는 작업이다.

〈작품이야기〉
설유화는 다양하게 사용할 수 있어 좋다. 봄에는 하얀 꽃이 핀 가지를 보내주고 여름에는 싱그러운 잎새를 보내주고 가을에는 낙엽 된 고운 선(線)을 보내준다. 겨울에는 상인들에 의해 크리스마스의 희생물로 온몸에 페인팅을 칠해 놓지만 봄이면 어김없이 페인팅 속에서도 파란 싹을 틔운다. 신비롭다. 설유화의 향연!

어떤 것이 행복한 삶일까? 어떤 것이 아름다운 삶일까? 행복은 자신이 느껴야만 가능한 주관적이지만 아름다움이란 타인의 눈에 비치는 객관적 관념이다. 아무리 부자라도 만족하지 않으면 가난한 사람이며, 아무리 좋은 직책과 명예를 가지고도 자족하지 못하면 불행한 사람이다. 자신은 고달픈 일을 할 뿐이지만 남들이 보기에 참다운 일이 있다. 가난한 자를 도와주고, 환자를 돌보고, 노인을 잘 섬기는 사람들의 삶을 아름다운 삶이라고 말한다. 꽃은 어떤가요? 벌이 꿀을 다 가져가도, 향기를 다 주고도 생색내지 않으니 아름다움 그 자체이다.

〈작품이야기〉
글라디올러스를 시원스럽게 직선 처리하고 명감나무 열매를 옆선으로, 색상이 묘한 엽란을 덩어리로 꽂아보았다. 동질감이 느껴지는 작품이다. 동양꽃꽂이에서의 직립형은 서양꽃꽂이의 L자형과 비슷하지만 맛은 다르다.

인생을 되돌릴 수는 없지만 되돌아볼 수는 있다. 조용한 시간, 어깨에 힘을 빼고 허리를 세우고, 눈은 반쯤이나 혹은 살며시 감고, 손은 가지런히 무릎 위에 올려놓고, 지난날을 되돌아보자. 부끄러운 일도 있고 칭찬해주고 싶은 것도 있을 것이다. 부끄러웠던 일도 칭찬해주고 싶었던 일도 지금의 나를 있게 한 성장 호르몬이었다. 매일 아침 명상에서 나를 칭찬하는 에너지를 찾아보자.

〈작품이야기〉
산 동백! 생강나무라고도 한다. 봄을 맞이하여 시장에 예쁜 모습으로 나와 있다. 꽃을 따서 살짝 비벼 코끝에 대보면 생강 냄새가 난다. 봄철 생강나무는 개나리 이상으로 계절감을 느끼게 한다. 드라세나 두 그루와 노란색 금어초를 곁들어 주니 더욱 봄이런가 하노라. 옆으로 뻗 두 줄기 선의 아름다움!!!

133

무더운 한여름 더위를 이기는 방법이 있다. 더위를 이기려 하지 말고 더위를 알려고 하라. '이것이 더위구나' 라고. 적을 알아야 적을 이길 수 있듯이 더위를 알아야 더위를 이길 수 있다. 오늘은 명상에서 더위를 이기는 지혜를 찾아보자. 생각에 따라 견디기 힘든 일도 쉬워질 수 있다. 작년 한 해는 유난히 무더운 여름이었다.

〈작품이야기〉
마디초를 꺾어서 각이 나오는 공간을 연출했다. 쎌렘으로 마디초에 힘을 실어주고 쎌렘 잎 줄기의 선을 살려 대각선에 놓아 주었다. 연둣빛과 흰색으로 되어있는 화기의 길고 납작한 모양을 살려 꽃도 작고 납작하게 화기를 따라 정리했다. 다알리아의 색감이 유난히 맑고 고와 보인다.

생각을 줄이는 가장 좋은 방법은 끊임없이 몸을 움직이는 것이다. 발바닥 운동을 많이 하거나 계속 걷다 보면 머리가 비워지고 좋은 에너지가 생성된다. 끊임없이 몸을 움직이면 몸도 마음도 가벼워지며 수면도 충분히 취할 수가 있다. 걷기로 생각을 지우고 텅 빈 마음속에 나 자신을 비춰보자.

〈작품이야기〉
낙엽송을 수평으로 꽂아 보았다. 지금 막 싹이 송송 올라오는 것이 어린아이의 손을 잡을 때 느껴지는 보드라움이다. 핑크 백합과 유사한 색을 띤 라넌큘러스를 함께 꽂아보니 색감이 봄을 부르는 듯하다. 밝은 핑크색이 아닌 것이 오히려 세련미를 더해 준다. 이 작품을 사유(思惟) 한다면 낙엽송 가지 하나에 맺혀있는 수많은 생명체들의 싹을 바라보는 것이다.

"世界는 一花" 세계는 한 송이 꽃이라는 말이다. 꽃잎 한 장이 시들면 그 옆의 꽃잎도 바이러스(virus)에 감염되어 또 시들게된다. 가족이 건강하면 가정이 건강하고, 조직의 구성원들이 건강하면 그 조직이 건강하고, 한 사회가 건강하면 건강한 국가를 유지할 수 있듯이 나 한 사람 건강에너지를 가지고 살면 내가 속해 있는 모든 단체가 건강해진다는 것이다. 세상이 평화로운 것은 싱싱하고 예쁜 한 송이 꽃으로 비유된다. 한 가정도 일화요, 한 국가도 일화다.

〈작품이야기〉
같은 색감을 가진 심비디움과 butterfly 라는 꽃을 함께 꽂아보았다.
꽃은 질 때까지 곁에 두고 보아야 한다. 올해 처음 선보인 butterfly 신종 꽃이 얼마나 예쁘게 그리고 오래 가는지 놀라웠다. 발이 긴 화기에 꽂으니 시원스럽고 우아하다.

세상에 가장 훌륭한 상담사는 내담자의 말을 잘 경청하는 것이라고 한다. 내담자에게 우월감을 가지고 경청해서는 절대 안 된다. 열어 놓은 마음에 따뜻한 눈길로 응답하고 그럴 수밖에 없었겠다는 긍정적인 마음으로 내담자를 격려하면 이미 내담자는 말하는 동안에 스스로 답을 찾고 마음 편안해 하는 것을 알 수 있다고 한다. 그것은 가슴 속에 쌓여 있는 말을 다 내 보냈기 때문이다. 꽃은 훌륭한 상담사이다. 꽃은 어떤 말이라도 다 들어줄 뿐이다.

〈작품이야기〉
길고 하얀 술병을 언제 한번 꽃병으로 사용하나 싶다가 왁스 플라워를 보는 순간 '이것이다!' 라는 생각이 들었다. 작은 점으로 이루어진 왁스플라워의 잔잔함이 넘치지 않는 매력을 가지고 있다. 하루 종일 보아도 지루하지 않다. 화기의 연 베이지색과 왁스플라워의 주홍색이 합(合)을 이룬다.

최소한 내가 하는 일에 대해서는 앞서길 바란다. 최소한 내가 하는 일에 대해서는 자존심을 가지기 바란다. 최소한 내가 하는 일에 대해서는 철학을 가지기 바란다. 남의 작품 앞에서 서성이지 말지어다. 남의 작품을 훔쳐보지 말지어다. 남의 것에 내 이름을 붙이지 말지어다. 그때야 비로소 나의 작품세계가 독립되며 나 아니면 할 수 없는 나만의 것이 존재한다. 지속적으로 명상을 하면 마음의 근육이 생기고 뇌의 활성화로 무한 세계를 경험하게 된다. 이것이 작품에 미치는 영향은 지대하다.

〈작품이야기〉
작은 유리병 2개에 글로리오사를 높고 낮게 구상해 보았다. 글로리오사는 피는 속도에 따라 여러 모양으로 변하는 것이 가장 예쁠 때는 나비가 나는 것 같기도 하다. 가볍고 고운 꽃이라 맑은 유리병에 꽂아보니 모두 한 번에 환호한다. '아~ 넘 예뻐요. 이 꽃 이름이 뭐에요?' 라고. 글로리오사!

향기명상을 해 본다. 천천히 아주 천천히. 맑고 좋은 향기가 정수리에서 머리로 흘러 내려오는 것을 명상해 본다. 그다음 목으로, 양쪽 어깨로, 팔로 향기가 퍼진다. 다시 향기가 가슴에서 배로 흘러내린다. 엉덩이로, 양쪽 허벅지로, 무릎을 지나 양쪽 다리로 향기가 흘러내린다. 그리고 다시 장딴지, 발목, 발등, 발바닥, 열 개의 발가락까지. 나의 온몸은 좋은 향기로 가득하다. 내 몸은 온통 향기 덩어리가 되어있다. 나를 스치는 모든 사람들의 얼굴에 미소가 보인다. '향기로운 사람!' 이라고 말을 한다.

〈작품이야기〉
이른 아침 근처 공원에 산책을 갔다. 낙엽이 된 이름 모를 야생 식물이 고운 선으로 담벼락에서 가을을 이겨내고 있는 것을 보고 꽃 도둑이 되었다. 색감이 너무 예뻐서 몇 줄기 꺾어 보라색 국화랑 친구해 주니 단풍 진 잎사귀와 궁합이 일품이다. 자연의 산물은 여리고 여려도 우리에게 스승이 된다.

축시

정진희 선생

문명래
동화작가

한 번 뿐인 삶
인생이라는
한 묶음의 꽃을 피우며
살아온 그대

그대 오늘은
청아하고 맑디 맑아
되려 황홀한
뽀오얀 한다발의 들국으로 오셨구려

항상 그대 있는 자리는
삶의 무게에 날개 찢겨
울음 삼키는 이들에게
한줄기 위안의 바위샘이 되었고

그대 날려주는
어여쁜 꽃송이들은
5월의 푸른 숲을 열어
삶의 축제로 이끌어 주는 길이 되었소

어느 조용한 겨울
창밖에 흰 눈이 소리 없이 쌓일 때
마음 속 이야기로 깊은 시간 마주하면
바짝이는 지혜로
저마다의 연인이 되어주는 그대

그대 서 있는
그곳은
가슴 설레이는 환하디 환한 세상
웃음 벙기는 꽃의 세상
바로 그것이었소

이 시는 동화작가 문명쾌 선생님께서
저자를 위해 쓴 시입니다.
문명래 선생님은 저자의 중학교 때에
은사님이십니다.

정진희의 화예명상집

꽃	을	🌷	보	다
마	음	을	씻	다

저　　자 | 정진희
　　　　　 010.3730.6845
　　　　　 sammae@nate.com
디 자 인 | 박효은
사　　진 | 도서출판 SAY
발 행 인 | 유의선
발 행 처 | 도서출판 SAY
　　　　　 서울시 서초구 동산로 12길 9
　　　　　 TEL. 02.3444.1522
　　　　　 www.sayflory.com

발 행 일 | 2019년 5월 28일　초판 1쇄 발행
정　　가 | 35,000원
ISBN　978-89-94788-32-6　03630

이책의 저작권은 발행처 및 저자에게 있습니다.
저작권법에 의해 보호를 받는 저작물이므로
본 저작권자의 허락 없이 무단 전재와 무단 복제를 금합니다.

이 도서의 국립중앙도서관 출판예정도서목록(CIP)은
서지정보유통지원시스템 홈페이지(http://seoji.nl.go.kr)와
국가자료공동목록시스템(http://www.nl.go.kr/kolisnet)에서
이용하실 수 있습니다. (CIP제어번호 : CIP2019019415)